Les buffets de Sophie

Conception graphique : francis m
Mise en page : Natacha Marmouget

ISBN : 2-7441-6391-0
N° éditeur : 42606
Dépot légal : Mai 2003
Éditions du Club France Loisirs, Paris
Avec l'autorisation des Éditions Minerva

Éditions France Loisirs,
123, boulevard de Grenelle, Paris
www.franceloisirs.com

Sophie Dudemaine

Les buffets de Sophie

Photographies
Philippe Exbrayat

Stylisme
Olivia Nikitenko

ÉDITIONS FRANCE LOISIRS

Sommaire

L'organisation du buffet

Faire plaisir et se faire plaisir, voilà deux grands principes dans l'art de recevoir. Alors, au-delà de 10 convives, une seule issue : les buffets ! En répondant à toutes les envies, du plus gourmand au plus gourmet, chacun piochera çà et là, sur les buffets comme dans les conversations, tout ce qui satisfera sa faim et son humeur du moment.
Vous trouverez ici neuf thèmes à partir desquels vous pourrez composer votre propre buffet qui saura vous rendre parfaitement disponible à vos invités.

La table

J'ai pour habitude de dresser mon buffet sur quatre tables différentes.
Selon la thématique de mon buffet, j'utilise des tables rondes, rectangulaires ou carrées, des tables à tapisser ou des planches avec des tréteaux que je recouvre d'une nappe. Si les jeunes enfants sont nombreux, j'installe une table basse à leur hauteur.
Chacune des tables a son attribution :
- une table d'organisation où j'installe les verres, les assiettes, les couverts, le sel, le poivre, le pain et le beurre,
- une table salée,
- une table salades et fromages,
- une table sucrée.

Si vous souhaitez n'utiliser que trois tables, présentez la salade et le fromage sur la table d'organisation.

La nappe

J'utilise le plus souvent des nappes en tissus. Il m'arrive aussi de temps en temps de détourner des draps, des jetés de lit ou de fauteuil de leur usage habituel pour en recouvrir mes tables.
Si vous avez plus de temps, pensez également à l'achat de tissus au mètre vous permettant de varier les matières (velours, taffetas…).
Si vous ne possédez pas de nappes assez grandes pour votre table, préférez trois nappes à deux nappes. En posant une nappe à chaque extrémité de table et la dernière au centre, vous éviterez le raccord inesthétique au milieu de la table.

Les boissons

Je sélectionne les vins selon les saisons, privilégiant des vins de Loire rouges et blancs ou des vins de Provence rosés bien frais à la belle saison, et des bordeaux légers pour le reste de l'année.
Le champagne me semble incontournable pour une soirée pétillante.
Les eaux minérales plates et gazeuses sont indispensables.
Vous pouvez également prévoir un cocktail de jus de fruits.
Je prévois généralement une bouteille de vin ou de champagne pour trois personnes et une bouteille d'eau pour deux personnes.
Préparez un plateau avec tout le nécessaire pour le café, le thé et les infusions. Vous pouvez garder le café au chaud dans un thermos et préparer de l'eau dans la bouilloire électrique. Pour accompagner les boissons chaudes, proposez trois sortes de sucre (blanc, roux et aspartam) et des chocolats si vous en avez, ils seront bienvenus.

Le pain

Selon mon humeur, je ne présente qu'une sorte de pain, comme des baguettes ou des grosses boules de pain, ou une multitude de petits pains différents (de campagne, aux céréales, aux noix et aux raisins...).
Vous pouvez également demander à votre boulanger de vous confectionner une pyramide de pains.
Je compte généralement pour 1 personne une demi-baguette, ou 2 petits pains individuels, ou 3 tranches pour les miches.
S'il vous en reste une fois votre soirée terminée, congelez-le.
Pour le beurre, je prévois toujours un beurre salé et un beurre doux.
Ne négligez pas la qualité du pain ni celle du beurre.

Le fromage

J'ai pris l'habitude de ne servir à mes invités qu'une sorte de fromage : vacherin, brie, camembert ou assortiment de chèvres.
Pensez à les sortir quelques heures avant l'arrivée de vos invités.

Les proportions du buffet

Les 9 buffets présentés dans ce livre sont des buffets pour 10 personnes, même si toutes les recettes qui les composent sont pour 6 personnes. Cela permet une variété de plats plus grande tout en évitant les gaspillages fréquents dans ce genre de soirées. Si vous êtes plus de 10 le grand soir, voici comment recomposer votre buffet à partir des recettes de ce livre. Sur chaque recette, il est indiqué s'il s'agit d'un amuse-bouche, d'une entrée, d'un plat, d'une salade ou d'un dessert et, en fin d'ouvrage, un index récapitule toutes les recettes classées selon ces différentes catégories.

Pour 10-12 personnes :

3 entrées,
2 plats,
2 desserts,
1 amuse-bouche (12 parts),
2 salades (1 verte et 1 composée),
accompagnements.

Pour 12-15 personnes :

3 entrées,
2 plats,
3 desserts,
1 amuse-bouche (15 parts),
2 salades (1 verte et 1 composée),
accompagnements.

Pour 15-20 personnes :

4 entrées,
3 plats,
3 desserts,
2 amuse-bouche (20 parts),
3 salades (1 verte et 2 composées),
accompagnements.

Pour 20-25 personnes :

4 entrées,
4 plats,
3 desserts,
2 amuse-bouche (25 parts),
4 salades (2 vertes et 2 composées),
accompagnements.

Pour 25-30 personnes :

4 entrées,
4 plats,
4 desserts,
3 amuse-bouche (30 parts),
5 salades (3 vertes et 2 composées),
accompagnements.

Les proportions des recettes s'entendant toujours sur la base de 6 personnes, si par exemple vous souhaitez faire un buffet de 12 personnes qui nécessite 3 entrées, ou vous choisissez 3 entrées différentes ou vous ne choisissez qu'1 entrée dont vous triplez les proportions.

Les « petits plus » de l'organisation

> Une mise en place bien faite, c'est déjà une bonne partie du succès assurée.

> Les invitations sont à expédier deux semaines à l'avance, ce qui vous assurera la présence de vos amis. Pensez au côté rapide et économique des e-mails et e-cartes.

> Organisez votre liste de courses avec précision en reprenant tout ce qui est nécessaire à la réalisation des recettes.

> Pensez à commander le pain chez votre boulanger.

> Faites un maximum de place dans votre réfrigérateur.

> Préparez tout ce qui peut l'être dès le matin : mise en place de la table, préparation de la vaisselle, organisation de la cuisine.

> Une poubelle dissimulée sous chaque table vous évitera des aller et retour en cuisine.

> Démoulez les glaçons à l'avance et conservez-les au congélateur dans un sac plastique.

> Prévoyez des vases au cas où vos invités vous offriraient des fleurs.

> Pour les fumeurs, répartissez ici et là suffisamment de cendriers, y compris dans le jardin. Pour les étourdis, vous pouvez prévoir quelques paquets de cigarettes et d'allumettes.

> Dégagez la penderie ou préparez une pièce pour entreposer les manteaux de vos convives.

> Petites serviettes et savonnettes seront bienvenues dans les toilettes. Pensez également à quelques échantillons de parfum.

> Préparez vos bougies en les allumant quelques instants afin de faire fondre la cire se trouvant sur la mèche, vous les allumerez plus facilement à l'arrivée de vos convives. Choisissez avec la plus grande prudence les endroits où vous les déposez.

> Organisez vos CD par styles de musiques qui évolueront au fur à mesure de la soirée et prévenez vos voisins pour éviter de voir la maréchaussée s'inviter à l'improviste !…

Les ustensiles

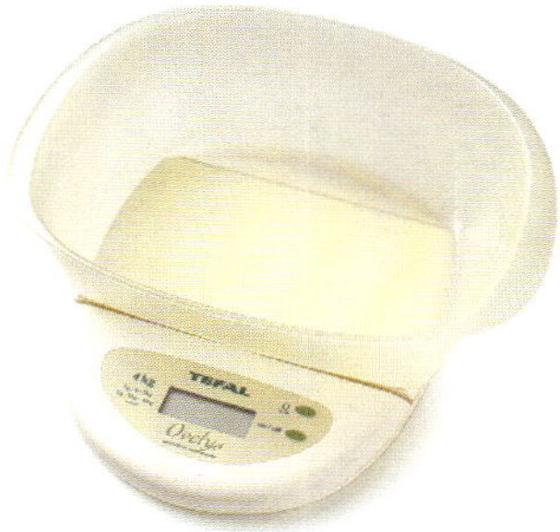

) BALANCE OVELYS TEFAL 4 KG

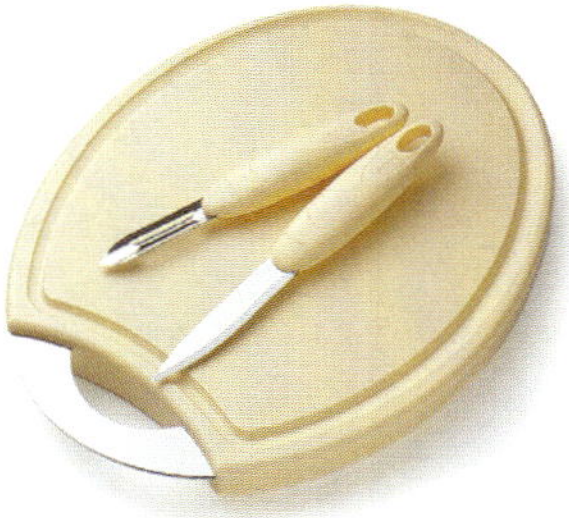

) PLANCHE À DÉCOUPER KIT CUT TEFAL

) MIXEUR BLENDER

) POÊLE

Sauteuse avec couvercle

Moule à tarte

Moule à manqué Proflex Tefal

Moule à cake Proflex Tefal

Moule pyramides Proflex Tefal

Buffet sans fourchettes

Sandwichs

Amuse-bouche pour 6 personnes

14 tranches de pain de mie
ou aux céréales
14 tomates cerises
7 brochettes en bois

Suggestions de garnitures :
Au bacon
100 g de bacon en fines lamelles
2 œufs durs écrasés
2 cuillerées à soupe de mayonnaise
2 brins de ciboulette ciselée
sel
poivre

Au thon
1 boîte de thon au naturel égoutté
125 g de fromage Kiri
1 cuillerée à soupe de mayonnaise
1 tomate coupée en petits morceaux
1 feuille de laitue ciselée
sel
poivre

Au saumon fumé
200 g de saumon fumé en dés
2 cuillerées à soupe de crème
fraîche épaisse
1 cuillerée à café de raifort
1 cuillerée à café d'aneth
poivre

Au jambon ou au poulet
2 tranches de jambon coupées
en morceaux
125 g de fromage Tartare
1 carotte râpée
sel
poivre

Organisation : Les sandwichs peuvent se préparer 1 heure à l'avance.

Faites légèrement toaster les tranches de pain.
Mélangez les différents ingrédients de la garniture choisie.
Posez la garniture entre 2 tranches de pain.
Coupez les toasts en quatre et piquez 4 sandwichs sur chaque brochette. Masquez le bout des brochettes avec les tomates cerises.

Le conseil de Sophie

Vous pouvez également réaliser des sandwichs avec des petits pains au lait coupés en deux. / Faites tenir les brochettes entre deux tasses à café.

Bricks

12 feuilles de brick
250 g de viande hachée
ou 1 boîte de thon à l'huile
120 g d'emmenthal râpé
1 oignon
2 cuillerées à soupe de persil haché
2 pincées de cumin ou autres
25 cl d'huile de tournesol
sel
poivre

AMUSE-BOUCHE
POUR 6 PERSONNES

ORGANISATION : *Il vaut mieux ne pas préparer les bricks trop à l'avance. Ils perdraient de leur croustillant.*
Néanmoins, vous pouvez les garder au chaud dans le four à 120 °C (thermostat 1).

Pelez et hachez finement l'oignon. Dans un saladier, mélangez la viande ou le thon avec l'oignon et le persil. Salez et poivrez. Dans une poêle, faites revenir la farce 3 minutes à feu moyen avec 1 cuillerée à soupe d'huile. Remettez-la dans le saladier et ajoutez l'emmenthal et le cumin.
Prenez une feuille de brick. Posez-la sur une assiette et pliez les bords ronds de manière à former un carré. Posez une cuillerée à soupe de farce au centre et pliez la feuille de brick en forme de triangle.
Dans la poêle, faites chauffer l'huile restante. Lorsqu'elle est chaude, posez délicatement le brick dans la friture et faites-le dorer pendant 30 secondes. Retournez-le à l'aide d'une spatule et faites-le dorer encore 1 minute.
Une fois cuit, posez-le sur une assiette recouverte de papier essuie-tout et renouvelez l'opération avec les autres bricks.
Servez chaud.

LE CONSEIL DE SOPHIE

Vous pouvez casser un œuf sur la farce avant de refermer le brick.

Tortilla

8 œufs
600 g de pommes de terre BF 15
2 oignons
50 cl d'huile de tournesol
sel
poivre

Entrée
pour 6 personnes

Organisation : *La tortilla peut se préparer 12 heures à l'avance. Conservez-la dans un endroit frais.*

Épluchez et découpez les pommes de terre en rondelles d'environ 0,5 centimètre d'épaisseur. Épluchez les oignons et émincez-les finement. Mettez les pommes de terre et les oignons dans une poêle antiadhésive de 28 centimètres de diamètre. Couvrez d'huile. Il faut que les pommes de terre baignent dans l'huile. Couvrez la poêle d'un couvercle et laissez mijoter à feu doux pendant 20 minutes. Videz l'huile dans un bol.
Mettez les pommes de terre et les oignons dans un saladier. Ajoutez les œufs battus, salez et poivrez. Mélangez.
Remettez 2 millimètres d'huile dans la poêle. Quand elle est chaude, versez la préparation et faites cuire à feu doux pendant 10 minutes.
Une fois le fond bien doré, retournez la tortilla sur une assiette. Remettez un peu d'huile dans la poêle et faites glisser la tortilla dans la poêle afin de faire dorer l'autre côté pendant environ 10 minutes.
Versez la tortilla sur un plat et coupez-la en carrés. Servez chaud ou froid.

Le conseil de Sophie

Vous pouvez également ajouter à la tortilla du jambon, du thon ou du fromage. Elle se mange aussi en sandwich.

Canapés de pommes de terre

10 pommes de terre roseval
1 boîte d'œufs de lump
ou de caviar
1 boîte d'œufs de saumon
ou 150 g de saumon fumé
100 g de tranches de foie gras
6 crevettes roses
ou 50 g de harengs fumés

AMUSE-BOUCHE
POUR 6 PERSONNES

ORGANISATION : *Vous pouvez cuire les pommes de terre 12 heures à l'avance. Coupez-les et posez la garniture sur les tronçons de pommes de terre 1 heure à l'avance. Réservez dans un endroit frais.*

Dans une casserole d'eau salée, faites cuire les pommes de terre lavées mais non épluchées pendant 20 minutes. Égouttez-les et passez-les sous l'eau froide pour les rafraîchir. Coupez les pommes de terre en tranches d'environ 1 centimètre d'épaisseur.
Posez les différentes garnitures choisies sur les lamelles de pommes de terre.
Posez les canapés sur un plat ou sur plusieurs assiettes suivant les garnitures.

LE CONSEIL DE SOPHIE

Faites cuire des pommes de terre d'égale grosseur car si l'on fait cuire en même temps des petites et des grosses, ces dernières seront cuites quand les premières seront en bouillie.

Brochettes

Aux bananes et aux magrets
6 bananes
18 tranches de magret fumé
20 g de beurre
6 brochettes en bois

Au jambon et aux figues
6 tranches de jambon cru serrano
3 figues fraîches
6 feuilles de sauge
6 brochettes de bois

Au saumon et à la ciboulette
6 tranches fines de saumon fumé
125 g de Kiri ou de Saint-Moret
6 longs brins de ciboulette
6 gressins

AMUSE-BOUCHE POUR 6 PERSONNES

ORGANISATION : *Les brochettes peuvent se préparer 1 heure à l'avance.*

Pour les brochettes aux bananes et aux magrets, épluchez et coupez les bananes en trois. Entourez-les d'une tranche de magret et piquez 3 morceaux par brochette. Faites-les dorer dans une poêle à feu doux avec le beurre pendant 6 minutes.

Pour les brochettes au jambon et aux figues, coupez chaque tranche de jambon en six lamelles. Coupez les figues en quatre. Piquez sur une brochette 6 lamelles de jambon et 2 morceaux de figues. Terminez par une feuille de sauge.

Pour les brochettes au saumon et à la ciboulette, badigeonnez les gressins de fromage. Enroulez la tranche de saumon autour et fermez avec un brin de ciboulette en guise de lien.

LE CONSEIL DE SOPHIE

Mouillez toujours la brochette en bois à l'eau avant d'insérer les ingrédients. Ils glisseront mieux. / Déposez les brochettes dans des soliflores ou des verres hauts.

Tomates farcies au thon

12 petites tomates rondes
2 boîtes de thon au naturel
3 cuillerées à soupe de mayonnaise
10 feuilles de basilic ciselé
sel
poivre

Entrée
pour 6 personnes

Organisation : *Les tomates peuvent se préparer 6 heures à l'avance. Couvrez et mettez au réfrigérateur.*

Émondez les tomates après les avoir passées 30 secondes dans une casserole d'eau bouillante. Découpez un chapeau aux trois quarts de la hauteur des tomates. Évidez-les en enlevant les pépins à l'aide d'une petite cuillère. Pressez-les légèrement pour enlever l'eau de végétation. Salez légèrement l'intérieur et retournez-les sur un papier essuie-tout afin qu'elles finissent de s'égoutter.
Égouttez le thon. Dans un bol, mélangez le thon, la mayonnaise et le basilic. Assaisonnez.
Farcissez les tomates avec la préparation en formant un dôme. Recouvrez avec le chapeau et mettez au réfrigérateur.

Le conseil de Sophie

Vous pouvez remplacer le thon par 250 g de saumon fumé coupé en petits morceaux et le basilic par de la ciboulette.

Tartelettes aux fruits

Dessert
pour 24 tartelettes

Pour la pâte sucrée
250 g de farine
125 g de beurre en pommade
125 g de sucre glace
1 œuf
1 pincée de sel
ou 1 pâte sablée prête à l'emploi

Pour la garniture
6 cuillerées à soupe de crème pâtissière ou de compote
fruits frais (fraises, framboises…)
ou en conserve (pêches, ananas…)
feuilles de menthe

Organisation : La pâte à tarte sucrée peut se préparer 3 jours à l'avance. Conservez-la au réfrigérateur dans du papier aluminium. Préparez les tartelettes 3 heures à l'avance et conservez couvert au réfrigérateur.

Dans un bol, mélangez le beurre, le sucre, le sel et l'œuf à l'aide d'une cuillère en bois. Ajoutez la farine d'un seul coup et pétrissez à pleines mains. Formez une boule et enveloppez-la dans du film alimentaire.
Mettez au réfrigérateur pendant 1 heure.
Préchauffez le four à 180 °C (thermostat 5/6).
Dans un moule Proflex Tefal spécial petits fours, avec 12 empreintes, étalez la pâte dans chaque empreinte avec vos doigts. Piquez le fond avec une fourchette, couvrez de papier aluminium et mettez au four pendant 8 minutes. Sortez les fonds de tarte et laissez-les refroidir.
Garnissez les fonds de tarte de crème pâtissière ou de compote et recouvrez avec les fruits. Décorez de feuilles de menthe.

Le conseil de Sophie

Placez un bouchon en liège dans votre corbeille de fruits, ils se conserveront plus longtemps.

Céleri au roquefort

Amuse-bouche pour 6 personnes

2 branches de céleri
200 g de roquefort
10 cl de crème fraîche épaisse
20 g de cerneaux de noix
1 cuillerée à soupe de cognac
12 olives noires
poivre du moulin

Organisation : *Cet amuse-bouche peut se préparer 12 heures à l'avance. Couvrez et mettez au réfrigérateur.*

Cassez les cerneaux de noix en petits morceaux.
Dans un bol, écrasez le roquefort à la fourchette et incorporez-y la crème, les noix et le cognac. Poivrez et mélangez bien.
Lavez et essuyez le céleri. Coupez-le en deux dans le sens de la longueur. Dans le creux formé par la branche, mettez la crème de roquefort et coupez des morceaux d'environ 6 centimètres de long.
Décorez avec les olives noires.

Le conseil de Sophie

Vous pouvez réaliser la même recette avec des feuilles d'endives.

Je sers ce buffet en apéritif dînatoire. Je l'accompagne généralement de champagne mais il m'arrive aussi de proposer deux cocktails : avec alcool et sans alcool. Les sauces ne sont pas nécessaires ici. J'ajoute parfois quelques chips mexicaines avec du guacamole.

> Piña colada

Pour 10 verres à cocktail

40 cl de rhum blanc
10 gouttes d'angostura
40 cl de jus d'ananas
20 cl de crème de coco
8 glaçons

Dans un mixeur blender, versez le rhum, l'angostura, le jus d'ananas et la crème de coco. Mixez pendant 5 secondes. Ajoutez les glaçons et mixez de nouveau pendant 5 secondes afin d'obtenir de la glace pilée. Versez dans les verres et servez avec une paille.

> Ambre

Pour 10 verres à cocktail

20 cl de jus de citron vert
50 cl de jus de goyave
40 cl de jus d'orange
40 cl de jus de mangue
20 glaçons

Versez directement dans une carafe à eau le jus de citron vert, puis ajoutez, dans cet ordre, le jus de goyave, d'orange et enfin de mangue. Remuez et ajoutez-y les glaçons. Décorez les bords des verres en les humectant avec du jus de citron puis en les plongeant à l'envers dans du sucre semoule ou vanillé ou du chocolat en poudre.

Idées déco : les piques à cocktail

Pour les amuse-bouche, rien de plus pratique que ces petites piques, décorées ici de perles collées. Vous pouvez également les décorer de drapeaux découpés dans des feuilles de papier de couleur, de petites fleurs en tissu achetées en mercerie ou de fins fils de fer de couleur torsadés autour de la pique.
En choisissant des couleurs différentes pour la décoration des petites piques, vous permettez à chaque convive de disposer de ses piques personnalisées.
Vous pouvez les piquer sur un pain rond individuel ou les mettre dans des verres à liqueur.
Si vous n'avez par de piques, vous pouvez utiliser des piques à bigorneaux ou des fourchettes à huîtres.

Les « petits plus » du buffet

Ce buffet apéritif se distingue par sa sobriété.
L'ensemble de ce buffet est réalisé pour être consommé sans couverts.
Le choix des serviettes en papier est évident.
J'ai choisi des assiettes et des plats d'inspiration japonaise, de formes carrées et rectangulaires et de tailles différentes, et je les ai posés sur la table dans un souci de symétrie.
Les brochettes peuvent être présentées sur des plats, réparties dans des soliflores ou comme ici posées en équilibre entre deux tasses à café.
Les cocktails sont présentés dans une vasque, dans un seau à champagne, dans une bassine à confiture en cuivre ou encore dans un grand saladier décoré de papier crépon.
Les fleurs sont remplacées par des feuilles de houx plantées dans des pots en terre ou en zinc.

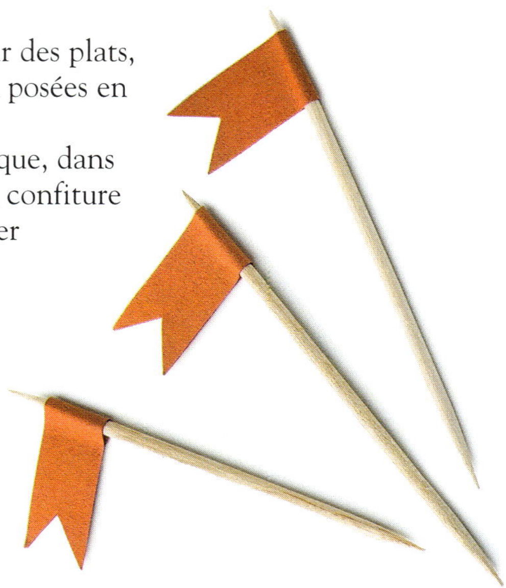

Buffet végétarien

Hoummos

ENTRÉE
POUR 6 PERSONNES

1 boîte 4/4 de pois chiches
au naturel
1 gousse d'ail
jus de 1 citron
5 cuillerées à soupe d'huile d'olive
1 cuillerée à café de paprika
6 olives noires dénoyautées
sel

ORGANISATION : *Le hoummos peut se préparer 24 heures à l'avance.*

Ouvrez la boîte de pois chiches. Rincez-les dans une passoire à l'eau courante. Mettez-les dans un mixeur blender avec la gousse d'ail épluchée, 3 cuillerées à soupe d'huile d'olive, le jus de citron et une pincée de sel. Mixez le tout pendant 20 secondes jusqu'à l'obtention d'une pâte épaisse et lisse. Goûtez et rectifiez l'assaisonnement.

Versez le tout dans un joli bol. Saupoudrez le dessus de paprika, après l'avoir lissé avec le dos d'une cuillère, et versez-y une fine couche d'huile. Décorez d'olives noires, couvrez et réservez au réfrigérateur.

LE CONSEIL DE SOPHIE

Si vous n'avez pas de mixeur, passez les pois chiches et l'ail au presse-purée et incorporez ensuite les garnitures. / Accompagnez le hoummos de tartines de pain grillées que vous disposerez autour du bol.

Soupe glacée aux concombres

2 concombres
2 yaourts veloutés nature
10 cl de crème fraîche épaisse
50 cl de lait
12 feuilles de menthe
1 gousse d'ail (facultatif)
sel
poivre

ENTRÉE
POUR 6 PERSONNES

ORGANISATION : *Cette soupe se sert glacée.*
Il faut la préparer à l'avance et la laisser au moins 1 heure au réfrigérateur et au plus 3 heures.

Pelez les concombres et coupez-les en cubes d'environ 1 centimètre de côté.
Dans un mixeur blender, mettez la moitié des concombres, les yaourts, la crème, le lait, la gousse d'ail épluchée et 10 feuilles de menthe. Salez et poivrez. Mixez le tout pendant 10 secondes. Ajoutez le reste des concombres et rectifiez l'assaisonnement.
Versez délicatement la soupe dans une carafe d'eau de 1 litre de contenance, couvrez et mettez au réfrigérateur pendant au moins 1 heure et au plus 3 heures.
Au moment de la mettre sur la table, mélangez délicatement la soupe, à l'aide d'un fouet, dans la carafe, décorez des feuilles de menthe restantes et prévoyez une jolie louche pour la servir.

LE CONSEIL DE SOPHIE

Pour décorer joliment votre carafe, prenez un concombre. Coupez-le pour que, une fois plongé dans la carafe, il émerge de quelques centimètres hors de la soupe et fendez-le en quatre à l'une de ses extrémités et sur une bonne partie de sa longueur de façon à ce qu'il s'ouvre comme une fleur.

Chakchouka

ENTRÉE
POUR 6 PERSONNES

2 poivrons rouges
2 poivrons verts
6 tomates
30 g de sucre semoule
40 cl d'huile de tournesol
sel

ORGANISATION : *La chakchouka peut se préparer 24 heures à l'avance.*

Préchauffez le four à 240 °C (thermostat 7/8).
Retirez le pédoncule des poivrons, placez-les dans le four et laissez-les jusqu'à ce que la peau ait gonflé et noirci (environ 15 minutes). Pelez-les, épépinez-les et coupez-les en lanières.
Mondez, épépinez les tomates et coupez-les en petits dés.
Dans une sauteuse, mettez les poivrons et les tomates. Ajoutez le sucre et salez. Recouvrez d'huile. Laissez mijoter à feu doux en remuant de temps en temps, durant 1 heure 30. Il ne doit plus y avoir d'huile à la surface.
Laissez refroidir, couvrez et mettez au réfrigérateur.

LE CONSEIL DE SOPHIE

Si vous manquez de temps, achetez des poivrons et des tomates concassées en conserve. / Je présente la chakchouka dans des coquetiers ou des tasses à café avec des cuillères à moka.

Gâteau de courgettes à l'oseille

4 courgettes moyennes
1/2 botte d'oseille
4 œufs
3 cuillerées à soupe de crème fraîche épaisse
200 g de gruyère râpé
2 cuillerées à soupe d'huile d'olive
10 g de beurre
sel
poivre

PLAT POUR 6 PERSONNES

ORGANISATION : *Ce gâteau peut se préparer 24 heures à l'avance.*

Préchauffez le four à 180 °C (thermostat 5/6)
Lavez les courgettes et coupez-les en fines rondelles de 0,5 centimètre d'épaisseur sans les peler. Lavez et équeutez l'oseille. Dans une sauteuse, faites revenir les courgettes avec l'huile pendant 5 minutes. Ajoutez l'oseille et faites revenir le tout encore 5 minutes. Salez et poivrez.
Dans un saladier, cassez les œufs et battez-les. Incorporez la crème et le gruyère. Assaisonnez. Versez-y les courgettes et l'oseille revenus et mélangez tout en écrasant à la fourchette.
Beurrez un moule à charlotte de 18 centimètres de diamètre ou un moule à manqué Proflex Tefal. Versez la préparation dans le moule et faites cuire au four au bain-marie pendant 45 minutes.
Sortez le gâteau du four et laissez-le refroidir. Posez une assiette par-dessus et mettez le tout au réfrigérateur. Démoulez le gâteau au dernier moment.

LE CONSEIL DE SOPHIE

Pour découper le gâteau de courgettes facilement, utilisez une lame de couteau préalablement passée sous l'eau chaude.

Caviar d'aubergine

4 aubergines moyennes
1 oignon
40 g de beurre
20 g de parmesan
2 pincées de thym
sel
poivre

Entrée
pour 6 personnes

Organisation : *Le caviar d'aubergine peut se préparer 24 heures à l'avance.*

Préchauffez le four à 200 °C (thermostat 6/7).
Emballez chaque aubergine dans une feuille de papier aluminium et mettez-les à cuire au four pendant 20 minutes. Sortez-les du papier aluminium et laissez tiédir.
Pendant ce temps, épluchez et hachez l'oignon.
Fendez les aubergines en deux, retirez la pulpe à l'aide d'une cuillère et écrasez-la avec une fourchette pour la réduire en purée. Salez et poivrez.
Dans une poêle, faites chauffer le beurre sur feu doux, mettez-y l'oignon à revenir pendant 5 minutes. Ajoutez la purée d'aubergine et laissez mijoter pendant 10 minutes.
Parsemez de thym et de parmesan râpé. Remuez le tout et laissez refroidir. Couvrez et mettez au réfrigérateur.

Le conseil de Sophie

Présentez le caviar d'aubergine dans des coquetiers ou des tasses à café en alternance avec la chakchouka. / Proposez des toasts pour l'accompagner.

Aubergines farcies au fromage

Plat pour 6 personnes

3 aubergines moyennes
300 g de cantal, de comté
ou de mozzarella
1 oignon
1 cuillerée à soupe de persil
et de sarriette hachés
1 cuillerée à soupe d'huile d'olive
sel
poivre

Organisation : *Ce plat peut se préparer 24 heures à l'avance.*

Préchauffez le four à 180 °C (thermostat 5/6).
Lavez les aubergines. Coupez-les en deux dans le sens de la longueur, sans les peler. Évidez l'intérieur à l'aide d'une petite cuillère en laissant une épaisseur de pulpe régulière de 5 millimètres. Salez l'intérieur et retournez-les sur une passoire afin de les laisser dégorger pendant 1 heure.
Pendant ce temps, épluchez l'oignon et hachez-le avec la pulpe retirée des aubergines.
Faites chauffer l'huile dans une sauteuse et mettez cette farce à revenir pendant 5 minutes. Salez et poivrez.
Découpez le fromage en dés de 1 centimètre de côté et versez-le dans la farce. Parsemez d'herbes et mélangez.
Pressez les aubergines pour retirer l'excédent d'eau.
Déposez les aubergines dans un plat à gratin huilé et emplissez-les de farce.
Réservez les aubergines au réfrigérateur, couvertes d'un papier aluminium et mettez-les au four 30 minutes avant de servir.

Le conseil de Sophie
Servez-vous de lunettes de plongée pour éplucher les oignons sans pleurer.

Galettes de champignons

Entrée pour 12 galettes

500 g de champignons (trompettes-de-la-mort, girolles, chanterelles…)
3 œufs
1 échalote hachée
1 cuillerée à soupe de persil haché
2 cuillerées à soupe d'huile de tournesol
20 g de beurre
sel
poivre

Organisation : *Les galettes peuvent se préparer 3 heures à l'avance. Réchauffez-les enveloppées dans du papier aluminium dans le four préchauffé à 180 °C (thermostat 5/6) 15 minutes avant de servir.*

Préchauffez une poêle antiadhésive à feu vif.
Lavez les champignons en les passant rapidement sous l'eau froide (ne les laissez pas tremper). Essuyez-les à l'aide d'un papier essuie-tout. Une fois la poêle bien chaude, faites fondre le beurre et mettez les champignons à revenir durant 5 à 10 minutes. L'eau rendue par les champignons doit s'évaporer. Ajoutez l'échalote et le persil. Mélangez. Salez et poivrez.
Dans un saladier, cassez et battez les œufs. Versez le mélange de champignons et mélangez. Rectifiez l'assaisonnement.
Nettoyez la poêle des champignons avec du papier essuie-tout et mettez-la de nouveau sur feu moyen avec l'huile.
À l'aide d'une petite louche, versez la préparation aux champignons dans la poêle tout en formant de petites galettes. Laissez cuire 2 minutes, retournez avec une spatule et faites cuire de nouveau pendant 2 minutes. Renouvelez l'opération jusqu'à ce qu'il n'y ait plus de pâte.

Le conseil de Sophie

Pour éviter que le beurre ne saute dans la poêle chaude, ajoutez-y une pincée de sel.

Tomates marinées

4 tomates rondes ou 6 olivettes
6 gros champignons de Paris
250 g de mozzarella bufflonne
50 g de câpres au vinaigre
8 feuilles de basilic ciselé
jus de 1 citron
4 cuillerées à soupe d'huile d'olive
sel
poivre

ENTRÉE
POUR 6 PERSONNES

ORGANISATION : *Ce plat peut se préparer 1 heure à l'avance.*

Lavez les tomates et coupez-les en fines tranches d'environ 0,5 centimètre d'épaisseur. Lavez rapidement les champignons sous l'eau froide et retirez-en le bout terreux. Coupez-les en quatre puis arrosez-les de la moitié du jus de citron. Coupez la mozzarella en rondelles d'environ 0,5 centimètre d'épaisseur.
Égouttez les câpres et mettez-les dans un petit verre ou un ramequin que vous positionnerez au centre du plat.
Intercalez dans le plat une rondelle de tomate, une lamelle de champignon, une tranche de mozzarella et ainsi de suite jusqu'à la dernière tranche de mozzarella. Arrosez du jus de citron restant et d'huile d'olive. Parsemez de basilic. Salez et poivrez. Couvrez de papier aluminium et mettez le tout au réfrigérateur.

LE CONSEIL DE SOPHIE

Il existe une autre façon d'utiliser ces ingrédients qui est tout aussi délicieuse. Mettez les tomates, les champignons et la mozzarella sur 6 grandes tranches de pain de campagne. Arrosez-les d'huile et de citron et mettez-les sous le gril de votre four pendant 5 minutes.

Vous pouvez accompagner ce buffet d'une pyramide de légumes crus à déguster « à la croque au sel ». Simple à réaliser et délicieuse, elle sera une décoration supplémentaire pour votre table. Vous accompagnerez également ce buffet de deux sauces.

> Pyramide de légumes croquants

À l'exception des haricots verts, des pommes de terre et des aubergines, tous les légumes peuvent se manger crus. On trouve de plus en plus dans le commerce des mini-légumes (tomates, endives, choux-fleurs, radis…) que vous pouvez présenter dans un joli panier sur un torchon. Vous pouvez aussi les piquer à l'aide de piques en bois sur un chou frisé ou une grosse boule de pain. Mettez du sel et du beurre sur le buffet pour les accompagner.

> Mayonnaise au yaourt

2 jaunes d'œufs
2 cuillerées à café de moutarde aux herbes
2 yaourts nature ou 200 g de fromage blanc
herbes (ciboulette, persil…) ou épices (cumin, ail, curry…)
sel
poivre

Dans un bol, mélangez les jaunes d'œufs avec la moutarde. Ajoutez les yaourts ou le fromage blanc. Mélangez. Salez, poivrez et ajoutez les herbes ou les épices de votre choix.

> Mayonnaise au ketchup

2 jaunes d'œufs à température ambiante
1 cuillerée à café de moutarde de Dijon
30 cl d'huile de tournesol
2 cuillerées à soupe de ketchup Heinz
sel
poivre

Dans un bol, battez les jaunes d'œufs avec la moutarde. Laissez reposer 1 minute. À l'aide d'un fouet, versez peu à peu l'huile sans cesser de remuer et toujours dans le même sens. Salez et poivrez. Incorporez le ketchup et mélangez.

Idées déco : les sets de table

Avec un peu d'ingéniosité et des feuilles d'arbre ramassées en forêt ou dans votre jardin, vous pouvez confectionner sets de tables et dessous-de-plat. Découpez une forme en carton puis collez les feuilles dessus.
Des matières naturelles comme du rotin tressé verni, des feuilles de bambou ou du bois pourront être utilisées de la même manière.
On peut aussi découper des feuilles de papier Canson de différentes couleurs selon des formes adaptées aux thématiques de chaque buffet (une feuille de marronnier pour le végétarien, un poisson pour la mer…).

Les « petits plus » du buffet

J'ai voulu créer un buffet « nature » réalisé exclusivement à partir de produits naturels.
Je n'ai pas mis de nappe mais j'ai fait un tapis de mousse comme centre de table. Dalles de gazon, feuilles, lierre, mousse, petits cailloux, pommes de pin, noisettes et marrons… sont autant d'éléments de décoration économiques.
Les serviettes en papier aux couleurs du buffet sont entourées d'un lien de ciboulette.
J'ai glissé de petites bougies chauffe-plats de couleur dans la mousse.
Fleurs de jardin ou des champs, branchages ou feuillages trouvent leur place sur ce buffet champêtre. Utilisez des vases ou des pots en terre cuite.
Le pain est présenté sur de grandes feuilles disposées dans des casiers à vapeur en bambou.

Buffet de la mer

Daurade aux fruits frais

2 daurades d'environ 400 g
chacune vidées avec la tête
3 fruits de votre choix (pêches, pommes, oranges, raisins, kiwis...)
100 g de fruits rouges
(framboises, cassis...)
2 pincées de fenouil séché
jus de 1 citron
5 cl de pastis
2 cuillerées à soupe d'huile d'olive
gros sel
poivre du moulin

PLAT
POUR 6 PERSONNES

ORGANISATION : *Ce plat peut se manger chaud ou froid. Il peut se préparer 12 heures à l'avance, mais dans ce cas vous le dégusterez froid car il ne se réchauffe pas.*
Conservez à température ambiante.

Préchauffez le four à 180 °C (thermostat 5/6).
Versez l'huile dans un plat allant au four. Prenez les daurades par la queue et passez-les dans l'huile d'un côté puis de l'autre.
Pelez les fruits si nécessaire et coupez les plus gros en tranches ou en cubes d'environ 0,5 centimètre de côté.
Disposez les fruits à l'intérieur et autour des daurades ainsi que le fenouil. Versez le jus de citron et le pastis pur dessus. Salez, poivrez.
Mettez au four pendant environ 30 minutes et arrosez de temps en temps avec le jus de cuisson.
Dressez les daurades dans un plat à poisson ou sur une planche en bois.

LE CONSEIL DE SOPHIE

Pour savoir si un poisson entier est cuit, piquez la pointe d'un couteau dans la chair. Si la pointe est chaude, le poisson est cuit. Si elle est froide, il faut poursuivre la cuisson. / La daurade aux fruits frais peut se préparer de la même façon en papillote dans du papier aluminium.

Pot-au-feu de la mer

6 noix de Saint-Jacques
500 g de lotte
2 filets de cabillaud
2 filets de merlan
4 carottes
2 blancs de poireaux
6 pommes de terre roseval
6 navets
1/2 bouquet de cerfeuil
1 litre de fumet de poisson
poivre du moulin

PLAT POUR 6 PERSONNES

ORGANISATION : *Ce plat peut se préparer 24 heures à l'avance. Réchauffez-le 5 minutes à feu moyen dans le faitout avant de le servir.*

Nettoyez et pelez les légumes. Coupez-les en cubes d'environ 1 centimètre de côté. Lavez et équeutez le cerfeuil. Détaillez les poissons en deux parts.
Dans un faitout, versez le fumet et portez à ébullition. Ajoutez les légumes et faites cuire pendant 10 minutes. Ajoutez les poissons et les noix de Saint-Jacques et poursuivez la cuisson pendant encore 6 minutes.
Ajoutez le cerfeuil effeuillé. Poivrez et servez dans une soupière.

LE CONSEIL DE SOPHIE

Pour que les légumes en longueur comme les carottes ne perdent pas leurs vitamines, il faut les couper dans le sens de la longueur. / On trouve dans le commerce d'excellents fumets de poisson, fonds de veau ou de volaille déshydratés.

Assiette nordique

500 g de filets de saumon fumé
250 g de filets de flétan fumé
150 g de filets de hareng fumé
50 g d'œufs de saumon
50 g d'œufs de lump rouges et noirs
3 citrons

Entrée
pour 6 personnes

Organisation : *Ce plat peut se préparer 2 heures à l'avance. Réservez au frais enveloppé de papier aluminium.*

Disposez les œufs de poissons dans des petits verres à liqueur ou des ramequins sur une grande assiette ou un plat.
Mettez l'assortiment de poissons fumés autour des œufs.
Coupez les citrons en deux et décorez-en le plat.

Le conseil de Sophie

Vous pouvez ajouter dans un bol, à côté de votre assiette nordique, quelques salicornes (on en trouve chez le poissonnier) en vinaigrette ou du tartare d'algues (voir adresse p. 188).

Thon mariné

600 g de steaks de thon rouge
6 pommes de terre roseval
2 cuillerées à soupe d'huile d'olive
gros sel
poivre du moulin

Pour la sauce vinaigrette aux herbes
6 cuillerées à soupe d'huile d'olive
2 cuillerées à soupe de vinaigre balsamique
3 cuillerées à soupe d'herbes hachées de votre choix (estragon, aneth, ciboulette, basilic…)
sel
poivre

Entrée pour 6 personnes

Organisation : *Ce plat peut se préparer 3 heures à l'avance.*

Lavez et faites cuire les pommes de terre dans une casserole avec de l'eau salée pendant 20 minutes. Égouttez-les et passez-les sous l'eau froide pour raffermir la chair. Pelez-les et coupez-les en lamelles d'environ 1 centimètre d'épaisseur. Réservez.
Dans une poêle, versez l'huile et faites dorer les steaks de thon des deux côtés à feu vif juste 30 secondes en tout. Escalopez le thon en lamelles de 0,5 centimètre d'épaisseur.
Intercalez dans un plat les tranches de thon et les lamelles de pomme de terre. Parsemez de gros sel et de poivre.
Préparez la vinaigrette en mélangeant le vinaigre, l'huile, le sel, le poivre et les herbes finement hachées et versez le tout sur le thon et les pommes de terre.

Le conseil de Sophie

Vous pouvez aussi déposer la vinaigrette dans des petits verres, des coquetiers ou des ramequins au milieu du plat ou dans un bol à côté. Ainsi, vos invités se verseront la quantité de sauce qu'ils désirent.

Carpaccio de saumon

600 g de filets de saumon frais
5 cuillerées à soupe d'huile d'olive
jus de 2 citrons jaunes
jus de 1 citron vert
3 brins d'aneth
gros sel

ENTRÉE
POUR 6 PERSONNES

ORGANISATION : *Le carpaccio de saumon peut se préparer 3 heures à l'avance. Préparez le saumon et la marinade séparément à l'avance, il ne vous restera plus qu'à faire mariner le saumon 20 minutes avant que vos invités arrivent.*

Coupez les filets de saumon en tranches de 1 centimètre d'épaisseur. Disposez-les soit dans un plat rond, soit dans un plat à cake, soit dans des petites assiettes individuelles.
Préparez la marinade en mélangeant dans un bol l'huile, le jus des citrons et le sel.
Versez cette sauce sur le saumon et mettez au réfrigérateur pendant au moins 20 minutes.
Au dernier moment, parsemez le saumon des brins d'aneth finement coupés aux ciseaux.

LE CONSEIL DE SOPHIE

Un filet de saumon frais se tranche toujours en commençant par la queue et non l'inverse.

Carpaccio de Saint-Jacques au curry

ENTRÉE
POUR 6 PERSONNES

18 noix de Saint-Jacques
3 cuillerées à soupe d'huile d'olive ou de noix
1 cuillerée à soupe de vinaigre de xérès
1 cuillerée à café de curry
gros sel
sel
poivre du moulin

ORGANISATION : *Ce plat peut se préparer 6 heures à l'avance.*

Préparez la vinaigrette en mélangeant le vinaigre, l'huile et le curry. Assaisonnez.
Coupez chaque noix de Saint-Jacques en 3 lamelles.
Au centre d'un grand plat rond, disposez les lamelles de Saint-Jacques en carpaccio.
Versez la vinaigrette dessus. Ajoutez quelques grains de gros sel et du poivre.

LE CONSEIL DE SOPHIE

Il faut toujours éliminer le filament noir autour des noix de Saint-Jacques. Quand elles sont fraîches, elles se conservent 3 jours bien enveloppées dans du film alimentaire dans le bas du réfrigérateur. Je ne vous conseille pas d'acheter des noix de Saint-Jacques congelées.

Ratatouille de poissons

1 kg de moules brossées et lavées
2 tranches de thon
2 filets de lieu
2 rougets
1 kg de tomates
6 pommes de terre roseval
4 navets
2 aubergines
2 courgettes
5 gousses d'ail
1/2 botte de cerfeuil, de persil plat et de coriandre
2 branches de thym
1 feuille de laurier
2 pincées de paprika
3 cuillerées à soupe d'huile d'olive
gros sel
poivre du moulin

Plat pour 6 personnes

Organisation : *Ce plat peut se manger chaud, tiède ou froid. Il peut se préparer 12 heures à l'avance.*
Conservez à température ambiante. Si vous le mangez chaud, réchauffez-le 5 minutes à feu moyen dans le faitout avant de le servir.

Lavez les légumes. Pelez les pommes de terre et les navets. Coupez tous les légumes en lamelles ou en cubes d'environ 1 centimètre d'épaisseur.
Hachez les herbes.
Dans un grand faitout ou une cocotte, versez l'huile d'olive. Tapissez le fond du faitout avec les moules, mettez ensuite les légumes, puis les poissons, et enfin les herbes, les épices, les gousses d'ail épluchées. Salez et poivrez.
Couvrez et laissez mijoter à feu très doux pendant 3 heures.
Présentez la ratatouille dans sa cocotte, dans un grand plat creux ou une soupière.

Le conseil de Sophie

Utilisez les poissons et les légumes de votre choix. / Pour que l'ail ne soit pas indigeste, il faut toujours ôter le germe qui se trouve au centre de chaque gousse.

Colin sur son lit d'oignons

1 colin d'environ 1 kg
800 g de pommes de terre roseval
200 g d'oignons jaunes ou rouges
2 cuillerées à café de persil haché
3 pincées de thym en poudre
1 pincée de laurier en poudre
50 g de beurre salé
gros sel
poivre du moulin

PLAT POUR 6 PERSONNES

ORGANISATION : *Ce plat peut se manger chaud ou froid. Il peut se préparer 12 heures à l'avance, mais dans ce cas vous le dégusterez froid car on ne peut pas le réchauffer.*

Préchauffez le four à 180 °C (thermostat 5/6).
Pelez les pommes de terre et les oignons. Coupez les pommes de terre en rondelles fines et émincez les oignons finement.
Mettez le poisson dans un plat beurré allant au four et déposez tout autour les pommes de terre et les oignons. Salez, poivrez, saupoudrez de thym et de laurier et arrosez le tout du beurre préalablement fondu.
Faites cuire pendant 30 minutes en arrosant fréquemment le poisson et sa garniture avec le jus de cuisson.
Saupoudrez de persil et servez dans le plat de cuisson ou dans un plat de service.

LE CONSEIL DE SOPHIE

Vous pouvez remplacer le colin par d'autres poissons comme de la daurade ou du cabillaud.

Une grande salade d'herbes suffira pour accompagner l'ensemble du buffet. Elle est simple à réaliser, originale et délicieuse avec le poisson. Vous accompagnerez également ce buffet de deux sauces.

Salade d'herbes

1/2 botte de ciboulette
1/2 botte de coriandre
1/2 botte de cerfeuil
1/2 botte d'aneth
6 cuillerées à soupe d'huile d'olive
2 cuillerées à soupe de vinaigre balsamique
3 cuillerées à soupe d'herbes hachées de votre choix (estragon, aneth, ciboulette, basilic…)
sel
poivre

Lavez et effeuillez la coriandre, le cerfeuil et l'aneth. Lavez et coupez la ciboulette en bâtonnets et mélangez l'ensemble. Mélangez le vinaigre, l'huile d'olive, les herbes hachées, salez, poivrez et accompagnez la salade de cette sauce.

Sauce à l'aneth

25 cl de crème fraîche épaisse
jus de 1 citron
1 brin d'aneth (ou 2 brins de ciboulette)
sel
poivre

Dans un bol, mélangez la crème, le jus de citron, et les herbes finement coupées aux ciseaux. Salez et poivrez. Vous pouvez remplacer la moitié de la crème par du fromage blanc.

Sauce à l'aïoli

2 jaunes d'œufs à température ambiante
3 gousses d'ail pilées
30 cl d'huile de tournesol
sel
poivre

Dans un bol, battez les jaunes d'œufs avec les gousses d'ail. À l'aide d'un fouet, versez peu à peu l'huile en remuant sans cesse dans le même sens. Salez et poivrez.

Idées déco : les menus

On peut présenter son menu sur une ardoise d'écolier peinte ou décorée avec de petits articles de pêche, comme des hameçons ou des leurres. Vous trouverez dans les papeteries un stylo craie effaçable qui vous permettra d'utiliser l'ardoise pour un autre buffet.
Mode de présentation un peu plus traditionnel du menu, mais non moins joli, le cadre. Vous vous le procurerez aux couleurs de votre buffet. Les résidents des bords de mer pourront aussi fabriquer un cadre en bois flotté – c'est ainsi qu'on appelle les morceaux de bois échoués sur la plage. Au fil du temps passé dans l'eau, ils ont acquis une patine inimitable.
Le menu s'accroche ensuite sur la porte d'entrée, sur un mur ou se pose sur un petit chevalet sur la table.

Les « petits plus » du buffet

Le thème de la mer est facilement déclinable.
Vous pouvez par exemple répartir du sable fin sur la table recouverte d'une sous-nappe, puis jeter un grand filet de pêche dessus.
Vous disposerez ensuite vos accessoires de décoration comme des guirlandes de boules de verre de pêcheurs, des toulines, un bocal ou un photophore avec un poisson rouge, des coquillages…
Pour les fleurs, choisissez de la lavande de mer, également appelée statis, ou bien des plantes d'aquarium.
Présentez le pain dans de petits sacs filet suspendus à proximité du buffet ou encore dans des porte-savons en forme de poissons ou de coquillages qui pourront également être utilisés pour le sel, le beurre ou les bougies.

Buffet de la Mer
Pot au feu de la mer
Carpaccio de saumon
Assiette nordique
Ratatouille de poissons
Daurade aux fruits frais
Colin sur son lit d'oignons
Thon mariné pommes de terre roseval
Carpaccio de St-Jacques au curry et aux herbes

Buffet du boucher

Mixed grill

4 côtelettes de mouton Mutton chops ou premières
4 entrecôtes ou merlans ou onglets de bœuf
4 échines de porc ou 2 côtes de veau secondes
1 gousse d'ail
quelques feuilles de thym ou de romarin
3 feuilles de sauge
gros sel
poivre du moulin

PLAT POUR 6 PERSONNES

ORGANISATION : *Faites cuire les viandes avec vos invités ainsi chacun choisira sa cuisson.*

Vous pouvez faire cuire ces viandes au barbecue ou sur un gril.
Frottez les côtelettes de mouton avec la gousse d'ail et ajoutez quelques feuilles de thym ou de romarin. Faites-les cuire 5 minutes ou plus de chaque côté. La viande est cuite lorsqu'elle est ferme sous le doigt.
Pour le bœuf, la grillade doit être absolument saisie. Selon que vous la désirez bleue, saignante ou à point, faites-la cuire de 1 à 10 minutes par côté. Le goût du grillé suffit à lui seul, n'ajoutez pas d'herbes. La viande est saignante lorsqu'elle est souple sous le doigt.
Frottez les échines de porc ou les côtes de veau avec les feuilles de sauge. Faites cuire chaque côté 10 minutes ou plus. Le porc ne se mange pas saignant. La viande est cuite lorsqu'elle est bien ferme sous le doigt.
Salez et poivrez les viandes. Prévoyez tout un choix de moutardes aromatisées pour accompagner ce mixed-grill.

LE CONSEIL DE SOPHIE

Ne salez pas une viande avant de la griller et ne mettez pas non plus de matière grasse. On ajoute du gros sel et du poivre du moulin après la cuisson.

Rillettes de lapin

ENTRÉE
POUR 6 PERSONNES

1 lapin découpé
4 oignons
40 cl de vin blanc
ou de bouillon de volaille
3 branches de thym
sel
poivre

ORGANISATION : *Cette terrine doit se préparer 24 heures à l'avance.*

Épluchez et émincez finement les oignons.
Déposez les oignons et les morceaux de lapin dans un faitout. Salez, poivrez et émiettez le thym. Versez le vin blanc ou le bouillon. Faites mijoter à feu doux pendant 2 heures.
Sortez les morceaux de lapin, mettez-les dans un saladier, désossez-les et effilochez-les à la fourchette. Ajoutez les oignons, le vin blanc ou le bouillon. Mélangez bien. Rectifiez l'assaisonnement.
Remplissez une terrine avec ce mélange en pressant bien l'ensemble. Couvrez et mettez le tout au réfrigérateur pendant 24 heures.

LE CONSEIL DE SOPHIE

Vous pouvez remplacer le thym par de l'estragon ou du persil haché et ajouter des pignons de pin ou des pistaches une fois le lapin cuit.

Aiguillettes de poulet aux poires

6 filets de poulet
250 g de lardons allumettes
3 poires williams ou comice
2 échalotes
50 g de beurre
2 cuillerées à soupe d'huile de tournesol
15 cl de vin blanc
sel
poivre du moulin

PLAT
POUR 6 PERSONNES

ORGANISATION : *Ce plat peut se préparer 3 heures à l'avance. Couvrez-le, laissez-le à température ambiante et réchauffez-le à la poêle à feu doux au dernier moment.*

Épluchez et émincez les échalotes.
Pelez les poires et coupez-les en huit. Dans une poêle, faites fondre 30 g de beurre et faites-y dorer les poires environ 5 minutes à feu moyen. Réservez.
Coupez les filets de poulet en fines lamelles. Dans la poêle ayant servi à la cuisson des poires, versez l'huile et le restant de beurre. Faites-y dorer les morceaux de poulet à feu moyen pendant 3 minutes.
Ajoutez les échalotes émincées, les lardons et laissez mijoter environ 6 minutes à feu doux. Salez et poivrez. Versez ensuite le vin blanc en grattant la poêle afin de décoller les sucs de cuisson et ajoutez les poires. Laissez encore 2 minutes pour réchauffer les poires.
Mettez le tout dans une assiette creuse et réservez au chaud dans le four à 120 °C (thermostat 1).

LE CONSEIL DE SOPHIE

Un poulet cuit ne se met jamais au réfrigérateur car sa chair durcirait. Laissez-le dans un endroit frais.

Tartare de bœuf

600 g de steak de bœuf haché
2 petits oignons blancs
5 petits cornichons au vinaigre
1 cuillerée à soupe de câpres
au vinaigre
2 cuillerées à soupe de persil haché
sel
poivre du moulin

Plat pour 6 personnes

Organisation : *Sans sauce, vous pouvez préparer le tartare 12 heures à l'avance.*

Épluchez et émincez les oignons. Coupez les cornichons en morceaux.
Dans un saladier, mélangez le steak haché, les oignons, les cornichons, les câpres et le persil. Salez et poivrez.
Couvrez et mettez au réfrigérateur.
Le tartare se sert avec une sauce tartare (voir p. 87).

Le conseil de Sophie

Façonnez le tartare à l'aide d'un emporte-pièce de votre choix et déposez les portions dans le plat choisi.

Émincé de bœuf au fenouil

600 g de filet de bœuf
en tournedos
1/2 fenouil
1 cuillerée à soupe d'huile
de tournesol
gros sel
poivre du moulin

Entrée
pour 6 personnes

Organisation : *Sans sauce, l'émincé peut se préparer 12 heures à l'avance.*

Faites chauffer l'huile dans une poêle. Déposez-y les filets de bœuf et faites-les saisir 15 secondes d'un côté, puis 15 secondes de l'autre.
Lavez et émincez le fenouil en fines lamelles.
Découpez la viande en tranches d'environ 1 centimètre et déposez-les sur un plat.
Posez le fenouil par-dessus. Parsemez de gros sel et poivrez. Couvrez et mettez au réfrigérateur.
Ce plat se sert froid avec de la salade d'herbes et une sauce vinaigrette aux herbes (voir p. 69).

Le conseil de Sophie

Lorsque vous voulez rafraîchir une bouteille et que vous n'avez pas suffisamment de glaçons, ajoutez dans le seau, avec les glaçons, deux grosses poignées de gros sel.

Courgettes farcies au porc et au bœuf

3 courgettes moyennes
125 g d'échine de porc hachée
125 g de viande de bœuf hachée
1 oignon
2 cuillerées à soupe de persil et de coriandre hachés
25 cl de bouillon de bœuf
2 cuillerées à soupe d'huile d'olive
10 g de beurre
sel
poivre du moulin

PLAT POUR 6 PERSONNES

ORGANISATION : *Les courgettes peuvent se préparer 24 heures à l'avance. Couvrez et mettez au réfrigérateur. Faites-les cuire au dernier moment et gardez-les au chaud, four éteint, jusqu'à l'arrivée de vos invités.*

Préchauffez le four à 180 °C (thermostat 5/6).
Lavez et coupez les courgettes en deux dans le sens de la longueur. Faites-les blanchir pendant 5 minutes dans une casserole remplie d'eau bouillante salée. Égouttez-les et évidez la pulpe à l'aide d'une cuillère à soupe.
Dans un saladier, mélangez la viande, l'oignon émincé et les herbes. Ajoutez la pulpe des courgettes. Mélangez, salez et poivrez.
Disposez les courgettes dans un plat à gratin beurré et farcissez-les de la préparation. Versez l'huile et le bouillon dans le plat et faites cuire le tout pendant 35 minutes.

LE CONSEIL DE SOPHIE

Blanchissez les herbes 20 secondes dans de l'eau bouillante avant de les congeler. Égouttez-les et mettez-les dans un bac à glaçons pour les avoir en portions.

Collier d'agneau au miel

600 g de collier d'agneau
ou d'épaule
2 oignons
2 carottes
50 cl de bouillon de volaille
4 cuillerées à soupe de vinaigre
de xérès
2 cuillerées à soupe de miel
de sapin
2 cuillerées à soupe d'huile
de tournesol
20 g de beurre
sel
poivre

PLAT
POUR 6 PERSONNES

ORGANISATION : *Ce plat peut se préparer 12 heures à l'avance. Conservez-le à température ambiante. Réchauffez-le à feu doux avant l'arrivée de vos invités.*

Épluchez et émincez les oignons. Épluchez et coupez les carottes en rondelles.
Dans une cocotte, versez l'huile et faites fondre le beurre. Déposez-y l'agneau et faites-le dorer sur toutes ses faces pendant 6 minutes à feu vif.
Réservez sur une assiette.
Déglacez la cocotte avec le vinaigre, ajoutez le miel, les oignons et les carottes.
Remettez l'agneau dans la cocotte, salez très légèrement et poivrez. Versez le bouillon et laissez mijoter à feu doux, pendant 1 heure 30, couvert aux trois quarts. Faites réduire le jus si nécessaire.
Mettez dans une soupière ou sur un plat creux et servez chaud.

LE CONSEIL DE SOPHIE

Ne conservez pas une moitié d'oignon non utilisée. Un oignon entamé s'oxyde rapidement et peut provoquer des troubles intestinaux.

Hachis parmentier de canard

4 cuisses de canard
1 kg de pommes de terre BF 15 ou bintje
25 cl de lait entier
250 g de beurre
1 oignon
2 cuillerées à soupe de persil haché
3 pincées de chapelure
1 litre de vin rouge
1 cuillerée à soupe d'huile de tournesol
sel
poivre

PLAT POUR 6 PERSONNES

ORGANISATION : *Le parmentier peut se préparer 24 heures à l'avance. Une fois le plat dressé, couvrez-le et mettez-le au réfrigérateur. Il ne vous restera plus qu'à le passer au four 20 minutes avant l'arrivée de vos invités. Gardez-le au chaud, four éteint.*

Épluchez et émincez l'oignon. Dans une cocotte, faites-le revenir dans l'huile pendant 2 minutes. Ajoutez les cuisses de canard puis le vin. Assaisonnez et laissez mijoter à feu doux pendant 1 heure 30.
Pendant ce temps, lavez les pommes de terre et mettez-les dans un faitout rempli d'eau salée. Faites-les cuire à couvert pendant 25 minutes. Égouttez-les et laissez-les tiédir. Pelez les pommes de terre et passez-les au presse-purée au-dessus d'un saladier. Ajoutez le lait chaud peu à peu puis le beurre. Assaisonnez.
Préchauffez le four à 180 °C (thermostat 5/6).
Égouttez les cuisses de canard et effilochez-les à l'aide d'une fourchette dans un plat à gratin beurré. Ajoutez les oignons de la cuisson et le persil haché. Versez la purée sur le canard et égalisez la surface. Parsemez de chapelure.
Mettez au four pendant 20 minutes.

LE CONSEIL DE SOPHIE

Il est inutile d'acheter de la chapelure toute faite. Prenez un morceau de pain rassis (ou une biscotte) et râpez-le avec la grille la plus fine d'une râpe à fromage. / Mettez environ 1 cuillerée à soupe rase de sel par litre d'eau dans l'eau de cuisson des pommes de terre.

Vous agrémenterez ce buffet d'une salade composée aux pignons de pin et de frites ou de pommes sarladaises.
Vous l'accompagnerez également de deux sauces, une sauce tartare et un confit d'oignons.

> Sauce tartare

2 jaunes d'œufs à température ambiante
1 cuillerée à café de moutarde de Dijon
30 cl d'huile de tournesol
1 cuillerée à soupe de ketchup Heinz (facultatif)
10 petits cornichons
1 cuillerée à soupe de câpres au vinaigre
2 cuillerées à soupe de persil haché
sel, poivre

Dans un bol, battez les jaunes d'œufs avec la moutarde. Laissez reposer 1 minute. À l'aide d'un fouet, versez peu à peu l'huile en remuant sans cesse dans le même sens. Ajoutez le ketchup. Salez et poivrez. Mélangez. Ajoutez les cornichons coupés en rondelles, les câpres et le persil. Assaisonnez.

> Salade composée

1 scarole, 1 trévise, 1 chicorée, 1 botte de mâche
80 g de pignons de pin
6 cuillerées à soupe d'huile d'olive
2 cuillerées à soupe de vinaigre balsamique
3 cuillerées à soupe d'herbes hachées de votre choix (estragon, aneth, ciboulette, basilic…)
sel, poivre

Triez et lavez les salades. Déposez-les dans un saladier avec les pignons de pin. Mélangez les différents ingrédients de la sauce vinaigrette aux herbes et servez-la à part.

> Confit d'oignons

600 g d'oignons
70 g de miel
2 cuillerées à soupe de vinaigre balsamique
50 cl de vin rouge
50 cl d'eau
40 g de beurre
sel, poivre

Pelez et émincez les oignons. Mettez-les dans une casserole antiadhésive avec le miel, le vinaigre et le vin. Laissez cuire 40 minutes à feu doux jusqu'à absorption totale du liquide. Mouillez avec l'eau et continuez la cuisson à feu doux pendant 30 minutes. Ajoutez le beurre, salez et poivrez.

Idées déco : les kits couverts

Non content d'être esthétique, le kit couverts est aussi très pratique. Chaque convive trouve ainsi tous ses couverts réunis, au lieu de prendre une fourchette ici et une cuillère là. Pour rester dans l'harmonie du buffet du boucher, les couverts sont présentés dans une serviette ressemblant à s'y méprendre au traditionnel torchon à carreaux rouge et blanc, nouée à la base par un lien de raphia, de ruban ou de ficelle. La serviette est ensuite glissée dans le verre.
On peut aussi présenter cet ensemble dans une petite panière en osier, dans un cache-pot en porcelaine ou en terre.
Les serviettes peuvent être remplacées par des mouchoirs à carreaux. Du plus raffiné au plus simple, le pliage des serviettes est infini : en éventail, en cornet ou bien à plat...

Les « petits plus » du buffet

J'ai choisi d'utiliser essentiellement des éléments de décoration rustique pour le buffet du boucher.
Je l'ai dressé sur un grand billot sans nappe.
Les accessoires, comme la pince à cornichon, la planche à découper, le moulin à poivre et le tire-bouchon, sont en bois.
Des bougies chauffe-plats sont disposées dans des ronds de serviette en bois.
Les fleurs sont remplacées par des bouquets d'herbes (persil, thym, laurier...).
Le pain est présenté dans des cagettes en bois ou des paniers remplis de paille ou de frisons.

Buffet tartes

Tarte ratatouille

Pour la pâte brisée
250 g de farine
125 g de beurre salé en pommade
1 jaune d'œuf
5 cl d'eau
ou 1 pâte brisée ou feuilletée prête à l'emploi

Pour la garniture
1 oignon
1 courgette
1 aubergine
1 poivron rouge
1 poivron vert
1 tomate
1 gousse d'ail
3 œufs
25 cl de lait entier
2 pincées d'herbes de Provence
100 g de gruyère râpé (facultatif)
10 cl d'huile d'olive
sel
poivre du moulin

PLAT POUR 6 PERSONNES

ORGANISATION : *Cette tarte peut se préparer 12 heures à l'avance.*
Elle se mange froide ou tiède.
Conservez-la à température ambiante et réchauffez-la si nécessaire 10 minutes au four à 180 °C (thermostat 5/6).

Préparez la pâte en mélangeant tous les ingrédients à la main. Formez une boule et enveloppez-la dans du film alimentaire. Mettez au réfrigérateur pendant au moins 1 heure.
Préchauffez le four à 180 °C (thermostat 5/6).
Beurrez un plat à tarte de 28 centimètres de diamètre et étalez-y la pâte.
Épluchez et coupez en petits dés d'environ 1 centimètre l'oignon, la courgette, l'aubergine, les poivrons et la tomate. Dans une poêle antiadhésive, faites chauffer l'huile et faites revenir tous les légumes pendant 5 minutes à feu moyen. Salez et poivrez. Disposez-les sur le fond de tarte. Épluchez l'ail, émincez-le finement et parsemez-le sur les légumes.
Dans un bol, battez les œufs avec le lait et les herbes. Salez et poivrez. Versez sur la ratatouille, parsemez du fromage râpé.
Mettez au four pendant 50 minutes.

LE CONSEIL DE SOPHIE

Vous pouvez ajouter une boîte de miettes de thon à vos légumes.

Tarte au fromage de chèvre

PLAT POUR 6 PERSONNES

Pour la pâte brisée
250 g de farine
125 g de beurre salé en pommade
1 jaune d'œuf
5 cl d'eau
ou 1 pâte brisée prête à l'emploi

Pour la garniture
200 g de chèvre en bûche
150 g de gruyère râpé
3 œufs
25 cl de crème fraîche épaisse
15 cl de lait entier
une dizaine de feuilles de menthe ou de basilic
poivre du moulin

ORGANISATION : *Cette tarte peut se préparer 12 heures à l'avance. Elle se mange froide ou chaude. Conservez-la à température ambiante et réchauffez-la si nécessaire 10 minutes au four à 180 °C (thermostat 5/6).*

Préparez la pâte en mélangeant tous les ingrédients à la main. Formez une boule et enveloppez-la dans du film alimentaire. Mettez au réfrigérateur pendant au moins 1 heure.
Préchauffez le four à 200 °C (thermostat 6/7).
Beurrez un plat à tarte de 28 centimètres de diamètre et étalez-y la pâte.
Dans un saladier, battez les œufs. Ajoutez la crème, le lait, le gruyère râpé, le chèvre coupé en petits morceaux et la menthe ou le basilic ciselés. Poivrez. Versez la préparation sur le fond de tarte.
Mettez au four pendant 45 minutes.

LE CONSEIL DE SOPHIE

Pour redonner du moelleux à un morceau de gruyère qui a séché, enveloppez-le dans un linge mouillé de vin blanc et mettez-le au réfrigérateur.

Quiche lorraine

Pour la pâte brisée
250 g de farine
125 g de beurre salé en pommade
1 jaune d'œuf
5 cl d'eau
ou 1 pâte brisée ou feuilletée prête à l'emploi

Pour la garniture
200 g de lardons fumés
150 g de dés de jambon blanc
4 œufs
50 cl de crème fraîche épaisse
200 g de gruyère râpé
2 pincées de paprika
poivre du moulin

PLAT POUR 6 PERSONNES

*ORGANISATION : Cette tarte peut se préparer 12 heures à l'avance.
Elle se mange froide ou chaude.
Conservez-la à température ambiante et réchauffez-la si nécessaire 10 minutes au four à 180 °C (thermostat 5/6).*

Préparez la pâte en mélangeant tous les ingrédients à la main. Formez une boule et enveloppez-la dans du film alimentaire. Mettez au réfrigérateur pendant au moins 1 heure.
Préchauffez le four à 180 °C (thermostat 5/6).
Beurrez un plat à tarte de 28 centimètres de diamètre et étalez-y la pâte.
Dans une poêle antiadhésive, faites revenir les lardons pendant 5 minutes à feu moyen. Dans un bol, versez la crème, les œufs et le paprika. Poivrez et mélangez.
Égouttez les lardons sur du papier essuie-tout. Versez la préparation sur le fond de tarte puis parsemez des lardons et des dés de jambon. Recouvrez de gruyère.
Mettez au four pendant 50 minutes.

LE CONSEIL DE SOPHIE

Piquez toujours la pointe d'un couteau au milieu de vos tartes, gâteaux ou cakes pour vérifier s'ils sont cuits. Elle doit en ressortir sèche.

Tarte à l'oignon

PLAT
POUR 6 PERSONNES

Pour la pâte brisée
250 g de farine
125 g de beurre salé en pommade
1 jaune d'œuf
5 cl d'eau
ou 1 pâte brisée prête à l'emploi

Pour la garniture
4 gros oignons
3 œufs
3 cuillerées à soupe de crème fraîche épaisse
2 cuillerées à soupe de farine
150 g de gruyère râpé
2 cuillerées à soupe d'huile de tournesol
sel
poivre du moulin

ORGANISATION : Cette tarte peut se préparer 12 heures à l'avance.
Elle se mange froide ou chaude.
Conservez-la à température ambiante et réchauffez-la si nécessaire 5 minutes au four à 180 °C (thermostat 5/6).

Préparez la pâte en mélangeant tous les ingrédients à la main. Formez une boule et enveloppez-la dans du film alimentaire. Mettez au réfrigérateur pendant au moins 1 heure.
Préchauffez le four à 180 °C (thermostat 5/6).
Beurrez un plat à tarte de 28 centimètres de diamètre et étalez-y la pâte.
Épluchez et émincez finement les oignons. Dans une poêle, faites-les blondir dans l'huile pendant 10 minutes à feu doux. Salez et poivrez. Parsemez de farine. Remuez. Hors du feu, ajoutez les œufs et la crème. Mélangez et rectifiez l'assaisonnement. Versez la préparation sur le fond de tarte. Parsemez de gruyère. Mettez au four pendant 30 minutes.

LE CONSEIL DE SOPHIE

En passant les racines des oignons à la flamme, vous les empêcherez de germer.

Tarte choco-banane

Pour la pâte sucrée
250 g de farine
125 g de beurre en pommade
125 g de sucre glace
1 œuf
1 pincée de sel
ou 1 pâte sablée prête à l'emploi

Pour la garniture
200 g de chocolat noir
4 bananes
25 cl de crème fraîche liquide

DESSERT
POUR 6 PERSONNES

ORGANISATION : *Cette tarte se mange froide. Il faut la préparer au moins 12 heures à l'avance, mais l'idéal est de la préparer la veille.*

Dans un bol, mélangez le beurre, le sucre, le sel et l'œuf à l'aide d'une cuillère en bois. Ajoutez la farine d'un seul coup et pétrissez à pleines mains. Formez une boule et enveloppez-la dans du film alimentaire.
Mettez au réfrigérateur pendant 1 heure.
Préchauffez le four à 180 °C (thermostat 5/6).
Beurrez un plat à tarte de 28 centimètres de diamètre et étalez-y la pâte. Piquez-la à l'aide d'une fourchette et faites-la cuire à blanc, sans garniture, au four pendant 20 minutes.
Pendant ce temps, dans un saladier, coupez le chocolat en morceaux et faites-le fondre au four à micro-ondes ou au bain-marie avec la crème liquide. Épluchez les bananes et coupez-les en rondelles d'environ 0,5 centimètre d'épaisseur. Étalez les bananes sur le fond de tarte cuit et recouvrez avec le chocolat fondu.
Laissez refroidir, couvrez et mettez au réfrigérateur pendant au moins 12 heures.

LE CONSEIL DE SOPHIE

Si vous n'aimez pas les bananes trop mûres, conservez-les au réfrigérateur. Leur peau deviendra noire mais le fruit restera ferme. / Si vous n'avez pas de bananes, remplacez-les par des poires ou des zestes d'orange confits.

Tarte fine aux pommes

1 pâte feuilletée prête à l'emploi
6 pommes golden ou gala
100 g de beurre
50 g de sucre blanc ou roux
1 sachet de sucre vanillé

DESSERT
POUR 6 PERSONNES

ORGANISATION : *Cette tarte peut se préparer 12 heures à l'avance. Elle peut se manger froide ou tiède. Pour la servir tiède, repassez-la au four pendant 5 minutes à 180 °C (thermostat 5/6).*

Déroulez la pâte sur la plaque de votre four en gardant le papier sulfurisé.
Préchauffez le four à 200 °C (thermostat 6/7).
Pelez et évidez les pommes. Coupez-les en fines tranches d'environ 0,5 centimètre d'épaisseur. Disposez-les sur le disque de pâte en les superposant légèrement.
Éparpillez sur le dessus le beurre en morceaux et saupoudrez des sucres.
Mettez à cuire pendant 30 minutes.
Laissez refroidir à température ambiante.

LE CONSEIL DE SOPHIE

Les pommes se conservent mieux queue en bas et les poires queue en haut.

Tarte Bourdaloue aux poires

Pour la pâte sucrée
250 g de farine
125 g de beurre en pommade
125 g de sucre glace
1 œuf
1 pincée de sel
ou 1 pâte sablée prête à l'emploi

Pour la garniture
1 boîte de poires au sirop 4/4
2 œufs
80 g de sucre semoule
80 g de beurre salé en pommade
80 g d'amandes en poudre
2 cl d'alcool de poire (facultatif)
20 g d'amandes effilées

DESSERT
POUR 6 PERSONNES

ORGANISATION : *Cette tarte peut se préparer 12 heures à l'avance. Conservez-la dans un endroit frais.*

Dans un bol, mélangez le beurre, le sucre, le sel et l'œuf à l'aide d'une cuillère en bois. Ajoutez la farine d'un seul coup et pétrissez à pleines mains. Formez une boule et enveloppez-la dans du film alimentaire.
Mettez au réfrigérateur pendant 1 heure.
Préchauffez le four à 200 °C (thermostat 6/7).
Beurrez un plat à tarte de 28 centimètres de diamètre et étalez-y la pâte.
Égouttez les poires, coupez-les en quatre et disposez-les sur le fond de tarte.
Dans un bol, mélangez à l'aide d'une cuillère en bois, le sucre, le beurre, les amandes, les œufs et l'alcool. Versez la préparation sur les poires. Parsemez d'amandes effilées.
Mettez au four pendant 30 minutes.

LE CONSEIL DE SOPHIE

Vous pouvez remplacer les poires par tout autre fruit. / Déposez sur le fond de tarte un peu de chapelure ou de poudre de noisettes (selon que vous préparez une tarte salée ou sucrée), cela empêchera le jus des légumes ou des fruits de détremper la pâte.

Tarte au citron meringuée

Pour la pâte sucrée
250 g de farine
125 g de beurre en pommade
125 g de sucre glace
1 œuf
1 pincée de sel
ou 1 pâte sablée prête à l'emploi

Pour la crème
2 citrons
4 œufs
200 g de sucre semoule
100 g de beurre en pommade

Pour la meringue
4 blancs d'œufs
50 g de sucre semoule

Dessert
pour 6 personnes

Organisation : *Cette tarte peut se préparer 12 heures à l'avance. Conservez-la dans un endroit frais.*

Dans un bol, mélangez le beurre, le sucre, le sel et l'œuf à l'aide d'une cuillère en bois. Ajoutez la farine d'un seul coup et pétrissez à pleines mains. Formez une boule et enveloppez-la dans du film alimentaire.
Mettez au réfrigérateur pendant 1 heure.
Préchauffez le four à 200 °C (thermostat 6/7).
Beurrez un plat à tarte de 28 centimètres de diamètre et étalez-y la pâte.
Lavez les citrons, zestez-les à l'aide d'un zesteur et pressez-les. Dans un bol, mélangez le sucre et les œufs. Ajoutez le beurre, les zestes et le jus des citrons.
Versez la préparation sur le fond de tarte et faites cuire au four pendant 20 minutes.
Pendant ce temps, battez les blancs en neige ferme, puis incorporez le sucre tout en continuant à battre. À l'aide d'une poche à douille ou d'une cuillère, étalez la meringue en couche uniforme sur la tarte.
Remettez au four à 160 °C (thermostat 4/5) pendant 25 minutes.

Le conseil de Sophie

Avant de presser un citron, roulez-le sur la table en appuyant dessus très fort. Il donnera plus de jus.

Rien n'est plus agréable que de déguster de bonnes glaces avec des tartes sucrées ou une salade de mesclun avec des tartes salées. Vous pouvez également accompagner votre buffet de compote de pommes et de crème fouettée.

Boules de glace

Préparez des boules de glace de parfums différents (pas plus de trois parfums) à l'avance. Disposez-les dans un saladier pas trop grand que vous déposerez ensuite dans un autre saladier plus grand rempli de glaçons. Mettez le tout au congélateur jusqu'au moment de servir.

Crème fouettée

30 cl de crème fraîche épaisse froide
50 g de sucre blanc ou roux
1 jaune d'œuf

Dans un saladier, mettez la crème, le sucre et le jaune d'œuf. À l'aide d'un batteur électrique, fouettez 3 bonnes minutes. Couvrez et mettez au réfrigérateur. Cette crème se conserve 48 heures.

Salade de mesclun

400 g de mesclun
2 cuillerées à café de moutarde de Dijon
4 cuillerées à soupe de vinaigre de vin blanc
4 cuillerées à soupe d'huile d'olive
4 cuillerées à soupe d'huile de noix
sel
poivre

Lavez le mesclun, mettez-le dans un saladier. Dans un bol, mélangez la moutarde et le vinaigre. Salez et poivrez. Ajoutez les huiles et fouettez jusqu'à l'obtention d'une sauce homogène. Servez la sauce à part.

Idées déco : les bougies

Au même titre que les fleurs, les bougies donnent tout de suite un aspect festif à une table.
Les bougeoirs et leurs bougies de couleur s'entourent de lierre ou d'asparagus. Les bougies flottantes (en vente dans le commerce) sont dans des coupes avec des pétales de fleurs et les grosses bougies se nichent au creux de cages à oiseaux décorées de lierre et tapissées de mousse végétale.
Vous pouvez également composer un chemin de table en disposant des bougies dans de petits vases en verre.

Les « petits plus » du buffet

La forme du buffet reprend la forme des tartes. À tartes rondes, table, vaisselle et décoration rondes.
Vous pouvez recouvrir une partie de votre table avec un chemin de table en coton ou en lin.
Les tartes sont présentées directement sur des sets de table, sur des assiettes de présentation ou dans leurs moules.
Vous pouvez décorer vos verres et carafes en les entourant d'une fine corde collée minutieusement. Procurez-vous un pistolet à colle tous usages dans un magasin de bricolage.
Disposez votre pain en rosace sur des sets ou dans des moules à tartes.

Buffet salades

Salade de mimolette au jambon

Salade pour 6 personnes

300 g de mimolette
8 tranches de jambon cru serrano
250 g de farfalle
4 tomates
sel
poivre du moulin

Organisation : *Cette salade peut se préparer 24 heures à l'avance. Mettez tous les ingrédients dans le saladier. Couvrez de papier aluminium et mettez au frais.*

Plongez les pâtes dans une casserole d'eau bouillante salée. Pour le temps de cuisson, suivez les indications inscrites sur le paquet. Égouttez-les et passez-les sous l'eau froide pour les rafraîchir.
Lavez et coupez les tomates en quatre.
Coupez le jambon en fines lamelles.
Coupez le fromage en cubes d'environ 1 centimètre de côté.
Au dernier moment, déposez par couches successives les pâtes, le jambon, les tomates puis la mimolette dans un saladier. Salez et poivrez.

Le conseil de Sophie

Les sauces vinaigrettes, qu'elles soient aromatisées ou non, se conservent pendant des semaines au réfrigérateur. N'hésitez pas à en préparer à l'avance. Utilisez alors un shaker vinaigrette (chez Geneviève Lethu) ou une bouteille d'huile vide que vous remplissez de vinaigrette.

Salade de haricots verts au parmesan

SALADE POUR 6 PERSONNES

600 g de haricots verts frais
(ou surgelés)
100 g de parmesan frais
3 tomates
une dizaine de feuilles de menthe
gros sel
poivre du moulin

ORGANISATION : *Cette salade peut se préparer 24 heures à l'avance. Mettez tous les ingrédients dans des bols séparés (sauf la menthe). Couvrez de papier aluminium et mettez au frais.*

Équeutez et lavez les haricots. Mettez-les dans un faitout avec de l'eau froide salée, portez à ébullition et faites bouillir pendant 20 minutes. Égouttez-les et passez-les sous l'eau froide pour les rafraîchir.
Pendant que les haricots cuisent, émondez les tomates après les avoir passées 10 secondes dans l'eau bouillante des haricots, épépinez-les puis coupez-les en petits dés.
Coupez le parmesan en copeaux à l'aide d'un économe.
Au dernier moment, lavez, effeuillez et ciselez la menthe en fines lanières.
Dans un saladier, déposez par couches successives les haricots, les tomates, le parmesan puis la menthe. Salez et poivrez.

LE CONSEIL DE SOPHIE

Achetez toujours le parmesan frais en morceaux. Le parmesan râpé que l'on trouve dans le commerce est généralement un mélange de fromages déshydratés. / Mettez environ 1 cuillerée à soupe rase de sel par litre dans l'eau de cuisson des haricots.

Salade de pâtes au thon

500 g de macaronis
2 boîtes de thon à l'huile
ou au naturel
20 petits cornichons au vinaigre
1/2 botte de persil frisé ou plat
sel
poivre du moulin

SALADE
POUR 6 PERSONNES

ORGANISATION : *Cette salade peut se préparer 24 heures à l'avance. Mettez tous les ingrédients dans le saladier (sauf le persil). Couvrez de papier aluminium et mettez au frais.*

Plongez les pâtes dans une casserole d'eau bouillante salée. Pour le temps de cuisson, suivez les indications inscrites sur le paquet. Égouttez-les et passez-les sous l'eau froide pour les rafraîchir.
Coupez les cornichons en petites rondelles.
Ouvrez les boîtes de thon, égouttez-le si vous avez choisi du thon au naturel et émiettez-le.
Au dernier moment, lavez, équeutez et hachez le persil.
Dans un saladier, déposez par couches successives les pâtes, le thon, les cornichons puis le persil. Poivrez.

LE CONSEIL DE SOPHIE

Lavez, équeutez et hachez les herbes de préférence à la dernière minute. Elles auront un aspect plus frais. / Mettez environ 1 cuillerée à soupe rase de sel par litre dans l'eau de cuisson des pâtes.

Salade de magret de canard

16 filets de magret de canard fumés
3 pamplemousses roses
2 avocats mûrs
6 tomates cerises
poivre du moulin

Salade pour 6 personnes

Organisation : *Vous pouvez préparer les pamplemousses la veille en les gardant dans leur jus.*
Dressez l'assiette 1 heure à l'avance. Couvrez de papier aluminium et mettez au frais.

Épluchez les pamplemousses et pelez les quartiers à vif.
Épluchez les avocats, dénoyautez-les et coupez 4 lamelles dans chaque demi-avocat.
Dans une grande assiette, déposez, en les intercalant en rosace, un quartier de pamplemousse, une lamelle d'avocat et un filet de canard et ainsi de suite jusqu'au dernier filet de canard. Décorez de tomates cerises au milieu de l'assiette. Poivrez.

Le conseil de Sophie

Cette salade ne nécessite aucune sauce d'accompagnement.

Salade d'endives à la pomme

6 endives
3 pommes rouges
100 g de raisins de Corinthe
sel
poivre du moulin

SALADE
POUR 6 PERSONNES

ORGANISATION : *Il est préférable de faire cette salade au dernier moment, 1 heure maximum à l'avance.*
Couvrez de papier aluminium et mettez au frais.

Mettez les raisins dans un bol, recouverts d'eau tiède.
Ôtez les feuilles abîmées des endives, passez-les rapidement sous l'eau froide et essuyez-les. Évidez la base en enlevant, à l'aide d'un couteau, un petit cône d'environ 2,5 centimètres. Séparez les feuilles et coupez-les en deux. Recoupez-les si nécessaire.
Lavez les pommes et évidez-les à l'aide d'un vide-pomme. Il n'est pas nécessaire de les peler. Coupez-les en dés d'environ 1 centimètre de côté.
Égouttez les raisins.
Dans un saladier, déposez par couches successives les endives, les pommes et les raisins. Salez et poivrez.

LE CONSEIL DE SOPHIE

Enlevez la base des endives car c'est là que se concentre l'amertume. Ne les faites pas tremper dans l'eau, cela les rend amères ; ne les blanchissez jamais.

Salade de couscous au saumon

300 g de graine de couscous moyenne
300 g de filets de saumon frais
1 boîte de tomates concassées 4/4
200 g d'épinards frais
1 cuillerée à soupe d'estragon haché
1 cuillerée à soupe de basilic haché
jus de 1 citron
3 cuillerées à soupe d'huile d'olive
20 g de beurre
sel
poivre du moulin

Salade pour 6 personnes

Organisation : *Préparez cette salade au moins 4 heures à l'avance. Couvrez de papier aluminium et mettez au réfrigérateur. Au moment de servir, goûtez et rectifiez l'assaisonnement si nécessaire en rajoutant de l'huile, du jus de citron, du sel et du poivre.*

Salez et poivrez les filets de saumon et faites-les cuire dans une poêle à feu moyen avec le beurre pendant 7 minutes. Laissez-les refroidir.
Versez la graine de couscous dans un saladier.
Ouvrez la boîte de tomates et versez le contenu sur la graine. Mélangez.
Équeutez les épinards, lavez-les à grande eau. Blanchissez-les 3 secondes dans une casserole remplie d'eau bouillante salée, passez-les aussitôt sous l'eau froide et épongez-les. Émincez-les.
Déposez les épinards sur la graine. Saupoudrez d'herbes et mélangez. Émiettez les filets de saumon et incorporez-les à la salade. Ajoutez le jus de citron et l'huile d'olive. Salez et poivrez.

Le conseil de Sophie

N'équeutez pas les épinards au couteau, il suffit de plier la feuille en deux et de tirer un coup sec sur la tige.

Salade de pêches

6 pêches
50 g de sucre semoule
1 sachet de sucre vanillé
jus de 1 orange
1 gousse de vanille

DESSERT
POUR 6 PERSONNES

ORGANISATION : *La salade de pêches peut se préparer 12 heures à l'avance.*

Pelez, dénoyautez et coupez les pêches en lamelles.
Mettez-les dans un saladier.
Versez le sucre, le sucre vanillé et le jus d'orange sur les pêches. Fendez la gousse de vanille en deux dans la longueur et égrenez-la dans la salade. Mélangez le tout.
Couvrez et mettez au réfrigérateur.

LE CONSEIL DE SOPHIE

Vous pouvez remplacer les pêches par des nectarines. / S'il vous reste de la salade de pêches, égouttez les fruits et, le lendemain, préparez un clafoutis ou une tarte.

Salade de cerises

1 kg de cerises burlat
150 g de sucre semoule
15 cl de vin rouge
2 pincées de cannelle (facultatif)

Dessert
pour 6 personnes

Organisation : *La salade de cerises peut se préparer 24 heures à l'avance.*

Lavez, équeutez et dénoyautez les cerises.
Dans une casserole, mettez le sucre, le vin et la cannelle. Laissez mijoter à feu doux pendant 10 minutes jusqu'à l'obtention d'un sirop assez épais.
Ajoutez les cerises et faites cuire de nouveau pendant 10 minutes à feu doux sans faire bouillir.
Laissez refroidir, couvrez et mettez au réfrigérateur.

Le conseil de Sophie

Les cerises se congèlent très bien. Il faut alors les équeuter et on peut les dénoyauter ou pas.

Salade de fruits rouges à la rhubarbe

375 g de framboises ou de fraises
250 g de mûres ou de myrtilles
2 tiges de rhubarbe
2 oranges
150 g de sucre semoule
15 cl de vin blanc
1 gousse de vanille

DESSERT
POUR 6 PERSONNES

ORGANISATION : *La salade de fruits rouges peut se préparer 12 heures à l'avance.*

Épluchez la rhubarbe à l'aide d'un économe et coupez-la en morceaux d'environ 1 centimètre de côté.
Lavez les fruits rouges (sauf les framboises) et égouttez-les.
Zestez les oranges et pressez-les.
Dans une casserole, faites chauffer le sucre à feu doux jusqu'au premier signe de caramélisation. Ajoutez le vin, la gousse de vanille préalablement fendue en deux dans la longueur, le jus des oranges et les zestes. Mélangez. Incorporez les fruits rouges et la rhubarbe.
Portez à ébullition et laissez bouillir à feu doux pendant 10 minutes. En cours de cuisson, ôtez le dépôt à la surface avec une écumoire.
Enlevez la gousse de vanille en fin de cuisson. Laissez refroidir, couvrez et mettez au réfrigérateur.

LE CONSEIL DE SOPHIE

Gardez les gousses de vanille déjà utilisées, faites-les sécher et mettez-les dans votre pot à sucre. Cela le parfumera.

Salade de melon aux fraises

3 melons
500 g de fraises
20 cl de sauternes
ou de monbazillac
100 g de sucre semoule
12 feuilles de menthe
6 anis étoilés

Dessert
pour 6 personnes

Organisation : *Vous pouvez préparer cette salade 2 heures à l'avance. Mettez la menthe au dernier moment.*

Lavez les fraises et équeutez-les. Coupez les plus grosses en deux.
Coupez les melons en deux et retirez les graines à l'aide d'une cuillère à soupe.
Coupez ensuite la base des melons afin qu'ils soient plus stables.
Prélevez la pulpe des melons en petites boules à l'aide d'une cuillère parisienne et déposez-les dans un saladier.
Mélangez dans le saladier les billes de melons avec les fraises, le sucre, le sauternes et les feuilles de menthe ciselée.
Répartissez l'ensemble dans les 6 melons évidés et décorez d'un anis étoilé.
Couvrez d'un film alimentaire et mettez au réfrigérateur.

Le conseil de Sophie

Choisissez toujours un melon lourd, sans tâches et avec une petite pastille du côté opposé au pédoncule.

Je n'assaisonne jamais les salades sur mes buffets. Je préfère les présenter avec la sauce à côté. Ainsi chacun peut assaisonner à sa guise et s'il reste des salades en fin de soirée, elles pourront se conserver jusqu'au lendemain. Je vous propose ici deux délicieuses sauces. Pour agrémenter le buffet, vous pouvez également piquer des brochettes de fruits sur une courge ou sur une jolie passoire retournée.

Sauce vinaigrette à l'œuf

2 œufs durs
18 cuillerées à soupe d'huile d'olive
5 cuillerées à soupe de vinaigre balsamique
2 cuillerées à soupe d'herbes hachées
1 cuillerée à café de moutarde de Dijon
sel
poivre

Dans un bol, mettez la moutarde, du sel, du poivre, les œufs durs écrasés à la fourchette et le vinaigre. Mélangez le tout. Ajoutez l'huile puis les herbes. Mélangez encore. Assaisonnez de nouveau si nécessaire.

Mayonnaise allongée

2 jaunes d'œufs à température ambiante
1 cuillerée à café de moutarde de Dijon
30 cl d'huile de tournesol
1 cuillerée à soupe de vinaigre balsamique ou xérès
3 cuillerées à soupe d'eau froide
sel
poivre

Dans un bol, battez les jaunes d'œufs avec la moutarde. Laissez reposer 1 minute. À l'aide d'un fouet, versez peu à peu l'huile en remuant sans cesse dans le même sens. Salez et poivrez. Versez le vinaigre et fouettez. Versez l'eau et fouettez.

Brochettes de fruits

Utilisez les fruits que vous désirez, pelez-les et coupez-les en morceaux. Piquez-les sur une longue brochette en bois en intercalant les différentes variétés.

Idées déco : les saladiers décorés

Le saladier est recouvert de feuilles de chou chinois tenues par un lien de raphia. Si vous ne trouvez pas de chou, utilisez des lamelles de poireau blanchies découpées à la même longueur, liées entre elles et disposées autour du saladier.
Vous pouvez également décorer les saladiers de rubans ou de plumes choisis dans les tons du buffet et collés à l'aide de scotch double face.
Une tresse de haricots mange-tout entourera avantageusement le bas de votre saladier. Enfilez-les sur un fil de fer.

Les « petits plus » du buffet

Ce buffet dégage une atmosphère champêtre.
Il est présenté sur une nappe verte.
Des petites fleurs alimentaires, comme des roses, des capucines ou des pensées (chez votre fleuriste), décorent et parfument l'eau des carafes.
Jouant la simplicité et la transparence, verres et carafes sont d'inspiration bistrot.
Les assiettes et les couverts sont disposés sur un porte-assiettes à étages.
On en trouve dans les brocantes.
Le pain est présenté dans des saladiers.

Buffet dominical

Œufs cocotte au saumon

Entrée
pour 6 personnes

6 œufs
150 g d'œufs de saumon
ou de lump
6 cuillerées à café de crème
fraîche épaisse
6 brins de ciboulette
poivre du moulin

Organisation : *Vous pouvez préparer ce plat 3 heures à l'avance. Préparez les ramequins, gardez-les au réfrigérateur recouverts de papier aluminium et faites-les cuire à la dernière minute.*

Préchauffez le four à 180 °C (thermostat 5/6).
Cassez les œufs dans 6 ramequins ou 6 verres épais. Ajoutez les œufs de saumon, la crème et la ciboulette hachée. Poivrez. Ne salez pas car les œufs de saumon sont déjà suffisamment salés.
Mettez les ramequins dans un plat et versez de l'eau froide à mi-hauteur.
Couvrez d'un papier sulfurisé ou d'un papier aluminium. Faites cuire au four au bain-marie pendant 4 minutes.
Sortez les ramequins de l'eau, essuyez-les et servez aussitôt.

Le conseil de Sophie

À la place des œufs cocotte, vous pouvez réaliser des œufs frais à la coque (cuisson : 4 minutes dans l'eau bouillante) sur lesquels vous piquerez une tranche de bacon frit. / Pour que les œufs n'éclatent pas en cuisant, ajoutez dans l'eau trois allumettes utilisées.

Méli-mélo campagnard

Plat
pour 6 personnes

4 œufs
4 pommes de terre roseval
4 tranches de lard découennées
3 chipolatas
1 oignon
150 g de mimolette, de cheddar…
3 brins de ciboulette
25 g de beurre
sel
poivre

Organisation : *Ce plat ne se prépare guère à l'avance. Néanmoins, vous pouvez le garder au chaud dans votre four à 120 °C (thermostat 1) enveloppé de papier aluminium.*

Lavez et faites cuire les pommes de terre dans une casserole avec de l'eau salée pendant 15 minutes. Égouttez-les et passez-les sous l'eau froide pour raffermir la chair. Pelez-les et coupez-les en rondelles. Pelez et coupez l'oignon en rondelles. Coupez les chipolatas en quatre. Coupez le lard et le fromage en dés.
Dans une poêle, faites fondre le beurre sur feu moyen et ajoutez le lard. Faites-le revenir pendant 8 minutes jusqu'à ce qu'il soit croustillant et doré. Ajoutez l'oignon, les chipolatas et les pommes de terre. Mélangez et poursuivez la cuisson pendant 8 minutes. Incorporez le fromage. Salez et poivrez.
Cassez les œufs sur la préparation, mélangez et faites cuire encore pendant 5 minutes. Parsemez de ciboulette ciselée.

Le conseil de Sophie

Vous pouvez disposer ce plat dans des soucoupes de tasses à café ou de tasses à thé sur la table auprès de chacun de vos invités.

Petit déjeuner liquide

4 oranges
200 g de fruits au choix (fraises, mangues, poires, bananes…)
2 yaourts veloutés nature
2 cuillerées à soupe de miel d'acacia
5 glaçons

Boisson pour 6 personnes

Organisation : *Cette boisson ne se prépare guère à l'avance. Mettez tous les ingrédients à l'avance dans le mixeur (sauf les glaçons). Au moment de servir, ajoutez les glaçons et mixez.*

Pelez les fruits si nécessaire et coupez-les en morceaux, sauf les fruits rouges. Dans un mixeur blender, mettez les fruits, les yaourts et le miel. Mixez le tout pendant 5 secondes. Ajoutez les glaçons et mixez de nouveau pendant 5 secondes. Versez le cocktail dans des verres. Servez avec des pailles.

Le conseil de Sophie

Vous pouvez remplacer les yaourts par 3 boules de glace vanille. Cela donnera un délicieux milk-shake.

Pommes à la cannelle

6 pommes golden
180 g de beurre salé
75 g de sucre semoule
ou de sucre de canne
2 cuillerées à soupe de cannelle
en poudre
3 bâtons de cannelle

DESSERT
POUR 6 PERSONNES

ORGANISATION : *Les pommes peuvent être préparées 24 heures à l'avance. Dans ce cas, servez-les froides.*

Préchauffez le four à 160 °C (thermostat 4/5).
Lavez les pommes et évidez-les à l'aide d'un vide-pomme.
Mélangez le beurre, le sucre et la cannelle. Remplissez le creux des pommes avec ce mélange et emballez-les individuellement dans du papier aluminium.
Déposez les pommes sur la plaque du four et faites-les cuire pendant 45 minutes.
Servez-les tièdes ou froides sur des soucoupes à café avec un demi-bâton de cannelle piqué dedans.

LE CONSEIL DE SOPHIE

Vous pouvez faire la même recette avec des poires. Remplacez alors la cannelle par de la vanille.

Muesli maison

250 g de flocons d'avoine
50 cl de lait entier
2 yaourts veloutés nature
10 abricots secs
25 g de cerneaux de noix concassés
1 pomme rouge
jus de 1 citron
80 g de sucre roux
1 cuillerée à café de cannelle (facultatif)

DESSERT
POUR 6 PERSONNES

ORGANISATION : *Le muesli peut se préparer 3 heures à l'avance. Ajoutez les yaourts au dernier moment.*

La veille au soir, faites tremper les flocons d'avoine dans le lait et les abricots secs dans 30 cl d'eau tiède durant toute la nuit.
Le jour même, égouttez les abricots. Hachez-les grossièrement et mélangez-les aux flocons d'avoine détrempés.
Lavez et évidez la pomme sans la peler. Coupez-la en morceaux.
Mettez les morceaux de pomme dans un saladier et arrosez-les avec le jus de citron. Incorporez les flocons d'avoine et les abricots. Saupoudrez de sucre puis de cannelle et parsemez de cerneaux de noix. Versez les yaourts dans la préparation et mélangez. Servez frais.

LE CONSEIL DE SOPHIE

Pour conserver un citron entamé, plongez-le dans un verre d'eau au frais.

Riz au lait

Dessert
pour 6 personnes

200 g de riz rond
75 cl de lait entier
150 g de sucre semoule
1 œuf + 2 jaunes
1 cuillerée à soupe de crème fraîche épaisse
20 g de beurre
1 gousse de vanille

Organisation : *Le riz au lait peut se préparer 24 heures à l'avance.*

Lavez le riz et faites-le cuire 2 minutes dans de l'eau bouillante. Égouttez-le.
Dans une casserole antiadhésive, faites bouillir le lait avec le sucre et la gousse de vanille fendue en deux dans la longueur. Versez le riz en pluie dans le lait et laissez mijoter à feu doux pendant 45 minutes. Une fois le riz cuit, ajoutez le beurre puis les œufs et la crème. Mélangez.
Laissez refroidir à température ambiante.

Le conseil de Sophie

Vous pouvez servir le riz au lait dans un saladier, un petit vase ou des coupes à glace. / Pour séparer le blanc du jaune d'œuf, cassez l'œuf dans une passoire. Le blanc passera au travers de la passoire tandis que le jaune y restera.

Petits pots de crème au chocolat

200 g de chocolat noir
3 jaunes d'œufs
60 g de sucre semoule
20 cl de crème fraîche liquide
15 cl de lait

DESSERT
POUR 6 PERSONNES

ORGANISATION : *Les petits pots de crème peuvent se préparer 24 heures à l'avance.*

Préchauffez le four à 160 °C (thermostat 4/5).
Dans un bol en pyrex, cassez le chocolat en morceaux. Ajoutez le lait et la crème. Faites fondre au four à micro-ondes pendant 1 minute 30 ou au bain-marie. Mélangez le tout à l'aide d'un fouet.
Dans un saladier, battez les jaunes d'œufs avec le sucre sans faire mousser et incorporez-y petit à petit le mélange chocolat.
Versez la préparation dans des tasses à café ou des ramequins. Mettez-les dans un plat et versez de l'eau froide à mi-hauteur des ramequins. Couvrez d'un papier sulfurisé ou d'un papier aluminium. Faites cuire au four au bain-marie pendant 30 minutes. Le milieu doit être encore tremblotant.
Sortez les ramequins de l'eau, laissez refroidir à température ambiante puis mettez-les au réfrigérateur.

LE CONSEIL DE SOPHIE

Vous pouvez décorer ces petits pots de crème de copeaux de chocolat noir ou blanc. Pour râper ou faire des copeaux de chocolat, utilisez un économe.

Cake nature « Sophie »

Dessert pour 10 personnes

3 œufs
170 g de sucre semoule
160 g de farine
170 g de beurre salé
1/3 de sachet de levure chimique

Organisation : *Ce cake peut se préparer 2 jours à l'avance. Laissez-le à température ambiante, emballé dans du film alimentaire. Il se conserve par la suite 10 jours.*

Préchauffez le four à 180 °C (thermostat 5/6).
Dans un saladier, fouettez les œufs et le sucre jusqu'à ce que le mélange blanchisse. Ajoutez en pluie la farine et la levure.
Pendant ce temps, faites fondre le beurre au four à micro-ondes et incorporez-le au mélange.
Versez la préparation dans un moule à cake Proflex Tefal de 26 centimètres de long sans le graisser. Faites cuire au four pendant 40 minutes. Démoulez froid.
Vous pouvez également préparer des cakes individuels avec le moule mini-cakes Proflex Tefal. Comptez alors 30 minutes de cuisson.

Le conseil de Sophie

J'emploie toujours du beurre demi-sel dans mes gâteaux.

Les accompagnements

Le côté amusant du brunch, c'est que tout est sur la table en même temps et que chacun se sert comme il veut. Mettez donc le maximum de choses sur votre table du dimanche. Mis à part mes recettes, voici quelques suggestions d'achats indispensables.

> Viennoiseries

4 croissants
4 pains au chocolat
4 pains aux raisins
Vous pouvez également acheter des mini-viennoiseries.

> Pains

2 baguettes de campagne
10 petits pains nature ou aux céréales
1 pain de mie dont quelques tranches toastées

> Confitures

Prévoyez trois sortes de confitures ou, comble du raffinement, dix petits pots (que vous pouvez collecter lors de vos séjours en hôtel).
Prévoyez également un pot de miel.

> Beurres

Salé et doux.
Pensez au petit pot de beurre d'Échiré ou au beurre individuel. Il en faut de chaque côté de la table.

> Boissons

Demandez à vos invités ce qu'ils désirent (thé, café ou chocolat).
Dans tous les cas, prévoyez un pot de lait et deux sortes de sucres : roux et blanc.
Rien ne vous empêche de poser une bouteille d'eau et une bouteille de vin sur la table.

Hervé
Olivia
Sophie
Phil

Idées déco : les serviettes

Pour le buffet dominical, je présente les serviettes pliées dans un panier rempli de paille. J'ai choisi de personnaliser la présentation de ce brunch en indiquant les noms de mes invités sur de petites étiquettes liées aux serviettes par des morceaux de raphia de couleur prune.
Au lieu d'être présentées en piles, les serviettes peuvent être disposées dans une jolie panière en rotin, une petite cagette en bois ou bien dans un set de trois petites jardinières en terre avec des étiquettes à bagage. Chaque serviette est alors marquée au nom de l'invité par de petites étiquettes en papier, autocollantes ou non, en émail, en zinc (chez votre fleuriste) ou encore en bois, attachées à l'aide d'un bout de ficelle ou de raphia, d'un fin fil de fer ou d'une mini-pince à linge en bois.
On peut aussi présenter les serviettes sous forme de « kit » avec les verres ou les couverts (voir p. 88).

Les « petits plus » du buffet

J'ai souhaité dresser cette table dans un esprit confortable et chaleureux.
La nappe a été remplacée par un boutis, c'est-à-dire un dessus-de-lit en piqué de coton.
Pour ce buffet assis, l'ensemble des mets est présenté en portions individuelles et posé sur la table avant l'arrivée des invités.
Les confitures sont disposées dans un panier à verres.
Fleurs et bougies sont réparties sur les meubles alentour pour ne pas encombrer la table.
Le pain et les viennoiseries sont disposés dans différents paniers.

Buffet des enfants

Gratin de coquillettes au jambon

Plat
pour 6 personnes

300 g de coquillettes
4 tranches de jambon blanc
150 g de gruyère râpé
2 cuillerées à soupe de crème fraîche épaisse
30 g de beurre
sel
poivre

Organisation : *Ce gratin peut se préparer 24 heures à l'avance. Faites-le gratiner au dernier moment et laissez-le au chaud, four éteint.*

Plongez les pâtes dans une casserole d'eau bouillante salée. Pour le temps de cuisson, suivez les indications inscrites sur le paquet. Égouttez-les et remettez-les dans la casserole à feu doux avec le beurre et la crème. Mélangez et rectifiez l'assaisonnement.
Préchauffez le four à 180 °C (thermostat 5/6).
Coupez les tranches de jambon en lamelles et mélangez-les aux pâtes.
Versez la préparation dans un moule à gratin beurré, parsemez de gruyère et faites gratiner au four pendant 20 minutes.

Le conseil de Sophie

Vous pouvez remplacer le jambon par du poulet cuit et les pâtes par du riz. / Vous pouvez également ajouter 20 cl de béchamel.

Nuggets au poulet

PLAT
POUR 6 PERSONNES

400 g de filets de poulet
ou de dinde
2 œufs
3 cuillerées à soupe de farine
6 cuillerées à soupe de chapelure
3 cuillerées à soupe d'huile de
tournesol
sel
poivre

ORGANISATION : *Les nuggets peuvent se préparer 24 heures à l'avance. Faites-les cuire au dernier moment. Gardez-les au chaud dans le four à 120 °C (thermostat 1) jusqu'à l'arrivée de vos invités.*

Coupez les filets de poulet en lamelles de 3 centimètres.
Cassez les œufs dans une assiette creuse et battez-les. Préparez une deuxième assiette avec la farine et une troisième avec la chapelure. Roulez chacun des morceaux de poulet dans la farine, puis dans les œufs battus et enfin dans la chapelure. Salez et poivrez.
Dans une poêle antiadhésive, faites chauffer l'huile. Mettez-y les nuggets et faites-les dorer pendant 8 minutes en les retournant de temps en temps.
Servez-les sur une assiette ou piqués sur une brochette en bois.

LE CONSEIL DE SOPHIE

Si vous consommez un poulet le jour même de l'achat, vous pouvez le choisir prêt à cuire. Si vous voulez le garder plusieurs jours au réfrigérateur, achetez-le non préparé. L'air ne rentrant pas à l'intérieur, il risque moins de s'abîmer.

Boulettes au bacon

Amuse-bouche pour 6 personnes

300 g de bacon
400 g de steak haché de bœuf
2 œufs
4 cuillerées à soupe de chapelure
2 cuillerées à soupe d'huile
de tournesol
sel
poivre

Organisation : *Vous pouvez préparer les boulettes 12 heures à l'avance. Faites-les dorer au dernier moment.*

Mélangez le bacon coupé en petits morceaux et le steak haché dans un saladier. Ajoutez les œufs. Salez et poivrez.
Mouillez légèrement vos mains et formez 12 boulettes. Mettez la chapelure dans une assiette et roulez-y les boulettes.
Dans une poêle antiadhésive, faites cuire les boulettes environ 8 minutes dans l'huile bien chaude.

Le conseil de Sophie

Vous pouvez remplacer le bacon ou le steak par 200 g de fromage râpé. / Vous pouvez servir ces boulettes piquées sur des brochettes en bois en alternance avec des morceaux de croque-monsieur.

Œufs farcis au saumon

ENTRÉE
POUR 6 PERSONNES

6 œufs à température ambiante
1 boîte de saumon ou de thon
au naturel
3 cuillerées à soupe de mayonnaise
4 brins de ciboulette
6 feuilles de laitue
6 olives vertes dénoyautées
sel
poivre

ORGANISATION : *Les œufs peuvent se préparer 2 heures à l'avance.*

Plongez les œufs dans une casserole d'eau bouillante salée et laissez-les cuire 9 minutes. Passez les œufs sous l'eau froide pour pouvoir les écaler plus facilement. Écalez-les et coupez-les en deux dans le sens de la longueur.
Retirez les jaunes à l'aide d'une cuillère à café et écrasez-les dans un bol avec une fourchette. Ajoutez le saumon ou le thon égoutté, la mayonnaise et la ciboulette ciselée. Mélangez. Assaisonnez.
Farcissez les blancs d'œufs avec la préparation à l'aide d'une cuillère à café. Posez les œufs farcis sur les feuilles de laitue. Décorez avec les olives. Couvrez et mettez au réfrigérateur. Servez frais.

LE CONSEIL DE SOPHIE

Vous pouvez également farcir les œufs entiers en décalottant la tête de l'œuf dur. Servez-vous alors de coquetiers pour la présentation. / Les petits œufs contiennent autant d'éléments nutritifs que les gros.

Omelette aux fraises

6 œufs
250 g de fraises
100 g de sucre semoule
2 cuillerées à soupe de sucre glace
(facultatif)
25 g de beurre

**Dessert
pour 6 personnes**

Organisation : *Vous pouvez préparer l'omelette 2 heures à l'avance. Laissez-la couverte dans un endroit frais.*

Cassez les œufs dans un bol. Battez-les avec le sucre à l'aide d'une fourchette. Ajoutez les fraises lavées, équeutées et coupées en deux.
Dans une poêle antiadhésive, faites fondre le beurre et versez-y les œufs battus et les fraises. Laissez cuire 8 minutes environ à feu moyen.
Déposez l'omelette dans un plat et laissez-la refroidir à température ambiante. Saupoudrez de sucre glace.

Le conseil de Sophie

On n'enlève jamais la queue des fraises, des cerises ou des raisins avant de les laver, mais après. Sinon, l'eau pénétrerait à l'intérieur des fruits.

Petits cochons aux saucisses

6 saucisses de Francfort
1 pâte à tarte feuilletée
prête à l'emploi
1 jaune d'œuf
1 cuillerée à soupe d'eau
5 g de beurre

AMUSE-BOUCHE
POUR 6 PERSONNES

ORGANISATION : *Ces petits cochons peuvent se préparer 24 heures à l'avance. Couvrez-les et mettez-les au réfrigérateur. Faites-les cuire au dernier moment et gardez-les au chaud, four éteint.*

Préchauffez le four à 180 °C (thermostat 5/6).
Coupez les saucisses en deux.
Déroulez la pâte à tarte et coupez-la en 12 rectangles de 12 centimètres sur 6 centimètres. Enroulez un morceau de saucisse dans chaque rectangle.
Façonnez la pâte en forme de cochon, en ajoutant deux petits triangles pour former les oreilles à l'une des extrémités et une petite queue en tire-bouchon à l'autre extrémité.
À l'aide d'un pinceau de cuisine ou d'un papier essuie-tout, badigeonnez le dessus avec le jaune d'œuf battu dans l'eau. Posez les petits cochons sur la plaque du four recouverte d'une feuille de papier sulfurisé graissée.
Faites cuire au four pendant 20 minutes.

LE CONSEIL DE SOPHIE

Achetez plusieurs rouleaux de pâte feuilletée et congelez-les. Décongelez la pâte feuilletée à température ambiante 1 heure à l'avance. Vous pouvez également acheter de la pâte feuilletée chez votre boulanger. Elle n'en sera que meilleure.

Caramel au chocolat

250 g de pépites de chocolat
120 g de marshmallow
(guimauves)
30 g de beurre salé
300 g de sucre semoule
15 cl de lait entier

DESSERT
POUR 6 PERSONNES

ORGANISATION : *Ce caramel peut se préparer 48 heures à l'avance.*

Faites fondre le beurre dans une casserole antiadhésive. Ajoutez le sucre, le lait et faites cuire à découvert pendant 8 minutes à feu doux. Ajoutez le chocolat et les marshmallows. Brassez le tout et laissez cuire tout en mélangeant pendant 5 minutes à feu moyen. Toutes les guimauves doivent être fondues.
Versez la préparation dans un moule d'environ 24 centimètres de côté tapissé d'une feuille de papier sulfurisé graissée ou dans le moule petits fours Proflex Tefal et mettez au réfrigérateur pendant au moins 4 heures.
Démoulez. Coupez en carrés si vous n'avez pas utilisé des moules individuels.

LE CONSEIL DE SOPHIE

Pour accentuer le goût sucré d'un mets, j'y ajoute une pincée de sel. C'est pour cela que j'utilise toujours du beurre demi-sel dans mes préparations.

Moelleux au chocolat

200 g de chocolat
200 g de sucre semoule
125 g de farine
125 g de beurre salé en pommade
4 œufs
1/2 sachet de levure chimique

Dessert
pour 6 personnes

Organisation : *Ce gâteau peut se préparer 48 heures à l'avance. Conservez-le dans un endroit frais.*

Préchauffez le four à 180 °C (thermostat 5/6).
Faites fondre le chocolat avec le beurre dans une casserole, ou au four à micro-ondes dans un saladier adapté. Hors du feu, ajoutez la farine et la levure.
Séparez les blancs des jaunes d'œufs.
Dans un bol, mélangez le sucre et les jaunes d'œufs jusqu'à ce que le mélange blanchisse. Incorporez-le au chocolat.
Battez les blancs en neige et incorporez-les délicatement au mélange chocolat à l'aide d'une spatule.
Versez dans un moule à manqué Proflex Tefal et mettez au four pendant 30 minutes.
Démoulez froid, coupez en carrés puis disposez-les en pyramide sur un plat.

Le conseil de Sophie

Afin de rendre un gâteau encore plus léger, ne mettez que la moitié de la farine indiquée dans la recette et remplacez l'autre moitié par de la fécule de pomme de terre.

Carrés aux rice-krispries

DESSERT
POUR 6 PERSONNES

100 g de céréales rice-krispies
nature ou au chocolat
4 barres de chocolat Mars
50 g de beurre
6 biscuits Mikado

ORGANISATION : *Cette recette peut se préparer 24 heures à l'avance.*

Faites fondre 40 g de beurre dans une casserole antiadhésive ou au four à micro-ondes dans un saladier adapté. Ajoutez les barres de Mars coupées en morceaux et faites fondre le tout 5 à 10 minutes à feu doux. Ajoutez les céréales rice-krispries et mélangez bien.
Étendez la préparation dans un moule carré d'environ 24 centimètres de côté tapissé d'une feuille de papier sulfurisé graissée ou dans les moules mini-cakes Proflex Tefal et laissez refroidir à température ambiante.
Mettez au réfrigérateur.
Coupez en 6 carrés si vous n'avez pas utilisé des moules individuels et disposez ces carrés sur une grande assiette, piqués de biscuits Mikado.

LE CONSEIL DE SOPHIE

Quand vous faites un gâteau au chocolat, ajoutez une poignée de corn-flakes. Cela le rendra croustillant.

Gâteau de Savoie à la confiture

4 œufs
200 g de sucre semoule
100 g de farine
5 cuillerées à soupe de confiture
au choix
crème chantilly

Dessert pour 6 personnes

Organisation : *Ce gâteau peut se préparer 24 heures à l'avance. Garnissez-le au dernier moment.*

Préchauffez le four à 180 °C (thermostat 5/6).
Séparez les blancs des jaunes d'œufs. Dans un saladier, mélangez les jaunes avec le sucre jusqu'à ce que le mélange blanchisse. Ajoutez la farine et mélangez. Le mélange est épais. Battez les blancs en neige et incorporez-les délicatement à la préparation à l'aide d'une spatule.
Versez la pâte dans un moule à manqué Proflex Tefal et mettez au four pendant environ 30 minutes. Le gâteau est cuit quand la pointe du couteau en ressort sèche. Laissez refroidir et démoulez.
À l'aide d'un grand couteau à pain, coupez le gâteau en deux disques d'égale épaisseur et recouvrez le disque inférieur de confiture. Reconstituez le gâteau et décorez le dessus de crème chantilly.

Le conseil de Sophie

Quand je bats les blancs en neige, j'ajoute toujours une cuillerée à soupe de sucre à la fin.

S'il y a bien une chose qu'il ne faut pas oublier lorsqu'on organise un buffet d'enfants, ce sont les bonbons. Voici une manière amusante de les présenter. Comme les « grands », les enfants ont leur cocktail : un délicieux milk-shake à la fraise. Voici également quelques suggestions d'achats.

> BROCHETTES DE BONBONS

2 sachets de nounours Haribo ou de fraises Tagada
10 longues brochettes en bois

Piquez un à un les bonbons sur la brochette. Coupez le bout à l'aide d'un ciseau. Disposez les brochettes de bonbons sur une jolie passoire retournée.

> MILK-SHAKE À LA FRAISE

125 g de fraises
6 boules de glace à la fraise
60 cl de lait entier

Dans un mixeur, versez le lait, la glace et les fraises lavées et équeutées et mixez pendant 30 secondes jusqu'à ce que le mélange soit mousseux. Vous pouvez varier les parfums en faisant des milk-shakes à la pêche, à la cerise, à la framboise, à la banane, seule ou associée au chocolat – en ajoutant alors une cuillerée à soupe de cacao en poudre.

> SUR LA TABLE, IL VOUS FAUT

1 bol de mayonnaise
1 bol de ketchup Heinz
1 paquet d'Apéricubes nature
20 bâtonnets de saucisson
1 kg de frites
1 citron coupé en deux

Idées déco : les pochettes surprises

Sur ce buffet, chaque enfant trouvera un petit cadeau qui lui est destiné.
Achetez des sacs cadeaux de couleur vive et liez-les avec des rubans différents pour les filles et les garçons.
Vous pouvez également acheter des boîtes cartonnées et les remplir de feuilles, carnets, crayons, gomme… ou réaliser des cônes avec du papier calque de couleur et les fermer avec une grosse étiquette ronde où vous aurez inscrit fille ou garçon.
Vous pouvez aussi organiser une chasse au trésor à l'aide de messages glissés dans des enveloppes.
Optez toujours pour des couleurs vives.

Les « petits plus » du buffet

Ce buffet ludique et coloré est dressé sur une table basse pour que les enfants puissent y accéder.
Choisissez une nappe enduite, une toile cirée ou une nappe en papier.
Pour éviter la casse inévitable, ne sortez pas votre plus beau service.
On peut faire un très joli buffet avec de la vaisselle en plastique ou en carton et des serviettes en papier.
N'oubliez pas les pailles pour les boissons.
Décorez de ballons et de guirlandes lumineuses.
Demandez à votre boulanger de vous confectionner des petits pains individuels en forme d'animaux, de clowns… et utilisez une bouée ronde ou tout autre jouet à l'intérieur duquel vous pourrez les présenter (camion benne, landau…).

Buffet des délices

Supermousse au chocolat

250 g de chocolat noir à 60 ou 70 %
6 œufs
50 g de sucre semoule
50 g de beurre salé

DESSERT
POUR 6 PERSONNES

ORGANISATION : *Il faut préparer la mousse au chocolat au moins 6 heures à l'avance mais l'idéal est de la préparer la veille.*

Cassez le chocolat en morceaux et faites-le fondre avec le beurre au four à micro-ondes, pendant environ 2 minutes dans un saladier adapté, ou au bain-marie. Séparez les blancs des jaunes d'œufs, en mettant les blancs dans un grand bol. Incorporez les jaunes au chocolat et mélangez bien à l'aide d'un fouet pour lisser la pâte. Battez les blancs en neige très ferme en y versant le sucre en pluie. Incorporez-les tout doucement au chocolat à l'aide d'une spatule en caoutchouc. Nettoyez le bord de votre saladier si vous le gardez pour votre présentation. Mettez la mousse dans votre réfrigérateur pendant au moins 6 heures.

LE CONSEIL DE SOPHIE

Vous pouvez présenter votre mousse dans un vase, des verres, des coupes à glace ou des tasses à café avec leurs soucoupes.

Tiramisu aux fruits d'été

500 g de framboises
5 pêches ou nectarines
500 g de mascarpone
30 biscuits à la cuillère
5 œufs
70 g de sucre semoule
5 cl de sirop de grenadine
20 cl d'eau tiède

DESSERT POUR 6 PERSONNES

ORGANISATION : *Il faut préparer le tiramisu au moins 6 heures à l'avance mais l'idéal est de le préparer la veille.*

Mélangez l'eau et le sirop de grenadine dans une assiette creuse. Trempez-y rapidement les biscuits un à un et déposez-les au fur et à mesure sur le fond d'un plat rectangulaire de 30 centimètres sur 20 centimètres environ de manière à ce qu'ils le tapissent entièrement.
Pelez et dénoyautez les pêches ou les nectarines. Coupez-les en morceaux et disposez-les avec les framboises sur les biscuits.
Séparez les blancs des jaunes d'œufs. Montez les blancs en neige bien ferme. Battez à l'aide d'un fouet le mascarpone, les jaunes et le sucre. Ajoutez les blancs montés en neige à ce mélange. Versez la préparation sur les biscuits et les fruits.
Mettez le tiramisu au réfrigérateur pendant au moins 6 heures. Ne le sortez qu'à la dernière minute. Le tiramisu ne se démoule pas.

LE CONSEIL DE SOPHIE

Vous pouvez utiliser tous les fruits que vous désirez, frais ou en conserve bien égouttés. Évitez les surgelés qui rendent trop d'eau. / Juste avant de servir, saupoudrez d'amandes effilées que vous aurez poêlées sans matière grasse durant 2 minutes à feu vif. L'effet n'en sera que plus réussi.

Crème caramel

DESSERT POUR 6 PERSONNES

la crème
s
de sucre semoule
de lait entier
sse de vanille

le caramel
g de sucre semoule
1 cuillerée à soupe d'eau

ORGANISATION : *La crème caramel peut se préparer 24 heures à l'avance.*

Préchauffez le four à 160 °C (thermostat 4/5).
Préparez le caramel. Mettez le sucre avec l'eau dans une casserole et faites chauffer jusqu'à l'obtention d'un caramel blond. Attention, c'est assez rapide. Versez le caramel dans un moule à charlotte antiadhésif ou en pyrex de 18 centimètres de diamètre ou un moule Proflex Tefal de 9 pyramides.
Préparez la crème. Faites chauffer le lait sur feu doux ou au four à micro-ondes avec la gousse de vanille fendue en deux dans la longueur. Pendant ce temps, battez les œufs avec le sucre. Incorporez le lait à ce mélange. N'oubliez pas de retirer la gousse de vanille. Versez dans le moule contenant le caramel.
Mettez au four au bain-marie 45 minutes environ. Laissez refroidir et démoulez.

LE CONSEIL DE SOPHIE

Gardez vos pots de yaourt en verre. Ils peuvent vous servir de moules pour faire cuire vos crèmes. / Si vous ne mettez que les jaunes d'œufs et pas de caramel, cela devient des œufs au lait.

Crumble aux fruits rouges

Dessert pour 6 personnes

800 g de fruits rouges (framboises, cerises, fraises…)
1 jaune d'œuf
100 g de sucre glace
100 g de farine type 55
100 g de beurre salé
20 g d'amandes en poudre
1 sachet de sucre vanillé

Organisation : *Le crumble se mange froid ou tiède. Il peut se préparer 24 heures à l'avance, mais dans ce cas vous le dégusterez froid car il ne se réchauffe pas.*

Préchauffez le four à 180 °C (thermostat 5/6).
Lavez et équeutez les fruits si besoin est. Disposez-les dans un plat à gratin de 30 centimètres sur 20 centimètres environ préalablement beurré.
Dans un saladier, coupez le beurre en petits morceaux et mélangez-le du bout des doigts avec le sucre, la farine, les amandes et le jaune d'œuf jusqu'à l'obtention d'une pâte granuleuse. Étalez-la uniformément sur les fruits et saupoudrez de sucre vanillé.
Placez le plat dans le four pendant 35 minutes. Le crumble doit être doré sur le dessus. Laissez refroidir à température ambiante. Le crumble ne se démoule pas.

Le conseil de Sophie

Au lieu de mélanger tous les fruits dans un grand plat, faites une farandole de crumbles en prenant des moules individuels et en mettant une sorte de fruits différents par moule. / Si vous choisissez de faire un plat dans des moules individuels plutôt que dans un grand moule, pensez à réduire le temps de cuisson.

Clafoutis aux poires

Dessert
pour 6 personnes

6 poires williams ou Comice
6 œufs
180 g de sucre semoule
100 g de farine
50 cl de crème fraîche liquide
25 cl de lait entier
10 g de beurre

Organisation : *Le clafoutis peut se préparer 24 heures à l'avance.*

Préchauffez le four à 180 °C (thermostat 5/6).
Pelez et coupez les poires en petits morceaux. Beurrez un plat à gratin de 30 centimètres sur 20 centimètres environ et disposez-y les poires.
Dans un saladier, mélangez à l'aide d'un fouet les œufs et le sucre. Ajoutez la farine. Mélangez. Faites chauffer le lait et incorporez-le à la pâte en même temps que la crème. Versez le mélange sur les poires.
Mettez le tout au four pendant 35 minutes. Laissez refroidir à température ambiante. Ce clafoutis ne se démoule pas.

Le conseil de Sophie

Vous pouvez remplacer les poires par des pêches, des bananes ou des framboises.

Charlotte aux fraises

500 g de fraises
30 biscuits à la cuillère
250 g de fromage blanc à 40 %
15 cl de crème fraîche épaisse
125 g de sucre semoule
1 sachet de sucre vanillé
1 cuillerée à soupe de sucre glace
5 cl de sirop de fraise
10 cl d'eau tiède

DESSERT
POUR 6 PERSONNES

ORGANISATION : *Il faut préparer la charlotte au moins 12 heures à l'avance mais l'idéal est de la préparer la veille.*

Versez l'eau et le sirop de fraise dans une assiette creuse. Ajoutez le sucre glace. Trempez rapidement un à un les biscuits dans ce mélange et disposez-les au fur et à mesure dans le fond et sur les bords d'un moule à charlotte de 18 centimètres de diamètre. Il doit vous en rester quelques-uns pour recouvrir la charlotte à la fin.
Rincez et équeutez les fraises. Battez le fromage blanc avec les sucres et la crème fraîche. Ajoutez les fruits et mélangez l'ensemble délicatement. Versez cette préparation dans le moule. Recouvrez des biscuits restants, également trempés dans le sirop de fraise.
Placez une assiette sur le moule et posez un poids dessus, un kilo de farine par exemple, puis placez la charlotte au réfrigérateur pendant au moins 12 heures. Démoulez au moment de servir en plongeant le moule 3 secondes dans de l'eau chaude.

LE CONSEIL DE SOPHIE

On a l'habitude d'utiliser un moule à charlotte pour faire des charlottes. Essayez de varier les formes en utilisant un moule à manqué Proflex Tefal ou un petit saladier en pyrex. / Vous pouvez remplacer les fraises par des pêches, des framboises ou autres.

Œufs à la neige

6 œufs
50 cl de lait entier
125 g de sucre semoule
20 g de sucre glace
1 gousse de vanille

DESSERT
POUR 6 PERSONNES

ORGANISATION : *Les œufs à la neige peuvent se préparer 24 heures à l'avance.*

Séparez les blancs des jaunes d'œufs et battez les blancs en neige ferme en y ajoutant le sucre glace.

Faites chauffer le lait dans une casserole avec la gousse de vanille fendue en deux dans la longueur. Battez les jaunes d'œufs avec le sucre à l'aide d'un fouet afin d'obtenir un mélange blanchâtre et incorporez peu à peu le lait chaud et la vanille en fouettant constamment. Versez de nouveau ce mélange dans la casserole et chauffez à feu doux (ne faites surtout pas bouillir) sans cesser de remuer avec une cuillère en bois jusqu'à ce que le mélange épaississe (environ 5 minutes). Pour vérifier que la crème est cuite, passez votre doigt sur le dos de la cuillère. Si le mélange est cuit, la crème ne doit pas se rejoindre. Retirez la crème du feu et versez-la dans un saladier à bords larges. Remuez de temps en temps jusqu'à refroidissement. Retirez la gousse de vanille.

Mettez de l'eau à bouillir dans une large casserole ou sauteuse.

Avec une cuillère à soupe ou une cuillère à glace, déposez des boules de blanc d'œuf dans la casserole contenant l'eau frémissante. Dès que les blancs sont gonflés, au bout d'une minute, sortez-les et laissez-les s'égoutter sur du papier essuie-tout ou un torchon.

Déposez-les sur la crème refroidie et mettez le tout au réfrigérateur.

LE CONSEIL DE SOPHIE

Au moment de servir, parsemez les blancs de pralines, de framboises, de pépites de chocolat ou de caramel. / Vous pouvez remplacer la crème anglaise par un coulis de fruits rouges *(voir recette p. 181).*

Soupe aux abricots

DESSERT
POUR 6 PERSONNES

500 g d'abricots frais
150 g de sucre semoule
50 cl de vin rouge
5 cl d'eau
2 tranches de pain de mie
ou de baguette
10 g de beurre
1 pincée de cannelle en poudre

ORGANISATION : *La soupe aux abricots peut se préparer 24 heures à l'avance.*

Lavez et dénoyautez les abricots. Mettez-les avec l'eau dans une casserole et faites-les cuire jusqu'à l'obtention d'une marmelade. Ajoutez le sucre et le vin. Portez à ébullition et faites cuire le tout pendant 10 minutes à feu doux.
Coupez le pain en huit et faites-le revenir à la poêle dans le beurre fondu. Posez les croûtons dorés sur du papier essuie-tout puis saupoudrez-les de cannelle.
Laissez refroidir la soupe et, au moment de servir, disposez les croûtons par-dessus.

LE CONSEIL DE SOPHIE

Servez-vous d'une soupière de famille ou dénichée dans une brocante pour présenter votre soupe et prévoyez des bols ou des verres sans pieds pour la servir. / On peut faire la même recette avec des cerises, la cannelle peut alors être remplacée par de la vanille en poudre.

J'ai souvent remarqué que mes invités aimaient manger des fruits après le repas. Achetez donc des fruits frais selon la saison (du raisin, des clémentines, des cerises...) en quantité suffisante (au moins 2 kg) afin de remplir un vase, une passoire de couleur ou tout autre joli contenant. Vous accompagnerez également ce buffet de deux sauces.

> Sauce chocolat

100 g de chocolat noir 60 ou 70 %
5 cl de crème fraîche liquide
5 cl d'eau

Faites fondre au bain-marie ou au four à micro-ondes le chocolat en morceaux avec l'eau. Ajoutez la crème et mélangez. Couvrez et mettez au réfrigérateur. La sauce peut épaissir au réfrigérateur, réchauffez-la alors à feu doux avant de servir pour qu'elle soit fluide.

> Coulis de fruits rouges

125 g de fruits rouges frais ou surgelés (fraises, framboises, myrtilles...)
20 g de sucre semoule
20 cl d'eau
1 cuillerée à café de jus de citron

Dans une casserole, faites bouillir l'eau avec le sucre. Dès que le sirop bout, retirez-le du feu. Mixez les fruits avec le jus de citron, à l'aide d'un mixeur blender ou d'un presse-purée, durant 15 secondes. Ajoutez-y le sirop et mixez de nouveau pendant 5 secondes. Si vous désirez un coulis sans pépins, passez-le dans une petite passoire au-dessus d'un saladier. Couvrez et mettez au réfrigérateur.

Idées déco : les mini-bouquets

Pour égayer vos buffets, vous pouvez disposer ici et là des fleurs coupées, réparties dans des petites timbales en argent ou en métal argenté, des pots à yaourt ou à confiture en verre que vous aurez conservés, des mini-pots en zinc trouvés chez votre fleuriste, des verres à liqueur ou pour le thé à la menthe…
Disposez toujours les fleurs en nombre impair, liées avec du raphia ou du ruban.
Vous pouvez remplacer les fleurs par des bougies de différentes couleurs ou alterner fleurs et bougies dans les différents contenants.

LES « PETITS PLUS » DU BUFFET

Pour ce buffet sucré, le raffinement est de mise aussi bien dans le choix des couleurs que des éléments de décoration.
Les fruits sont ici répartis dans un compotier en verre mais un grand vase, des photophores ou un panier en osier coloré feront aussi très bien l'affaire.
La mousse au chocolat est présentée dans de jolies tasses à café. Cette présentation est idéale pour de très nombreux mets, surtout des entrées et des desserts, comme le caviar d'aubergines, la chakchouka, les compotes de fruits…
Si vous manquez de beaux plats pour dresser votre buffet, vous pouvez agrémenter un plat en pyrex tout simple en l'entourant d'une serviette assortie à votre nappe.
Les sauces peuvent être servies dans des petites carafes ou des pots à lait.
Il n'y a pas de pains pour ce buffet sucré mais un assortiment de petits gâteaux comme des tuiles, des madeleines ou des tranches de cakes posées sur les soucoupes des tasses.

Petit lexique culinaire

> **Beurre en pommade** : beurre ramolli jusqu'à la consistance d'une pommade.

> **Blanchir** : travailler au fouet des jaunes d'œufs et du sucre avec vigueur jusqu'à ce que le mélange augmente de volume et passe du jaune au blanc, ou cuire en partie un légume à l'eau bouillante.

> **Blondir** : faire prendre à un ingrédient, notamment aux oignons, une légère coloration dorée en le faisant rissoler dans un peu de beurre ou d'huile.

> **Concasser** : écraser de manière grossière.

> **Confire** : préparer certains aliments en les faisant cuire doucement dans leur graisse ou en les enrobant de sucre.

> **Dégorger** : saupoudrer certains légumes de sel pour éliminer partiellement leur eau de végétation et les rendre plus digestes.

> **Détailler** : couper une viande, un poisson, un légume ou un fruit en dés, en rondelles…

> **Écumer** : enlever l'écume qui se forme à la surface d'un liquide ou d'une préparation en train de cuire.

> **Émincer** : couper en tranches fines.

> **Émonder** : retirer la peau d'un fruit après l'avoir plongé quelques secondes dans de l'eau en ébullition.

> **Escaloper** : détailler en tranches plus ou moins fines, taillées en biais.

> **Hacher** : réduire un aliment en très menus morceaux, à l'aide d'un couteau ou d'un hachoir.

> **Mijoter** : laisser cuire doucement à feu doux.

> ***Mouiller*** : ajouter un liquide à une préparation culinaire, pour la faire cuire ou pour confectionner une sauce.

> ***Réduire*** : diminuer le volume d'un liquide par évaporation, en le maintenant à ébullition.

> ***Sirop*** : pour le réaliser, faire bouillir ensemble une quantité équivalente d'eau et de sucre.

> ***Zester*** : râper une écorce d'orange, de citron ou de pamplemousse avec une râpe ou un zesteur.

Index

Amuse-bouche

Entrées

Plats

Salades

Desserts

Sauces salées et sucrées

Boissons

Les adresses de Sophie

Côté Cuisine

> **Moisan**

En vente chez Inno et Monoprix.
Pour leurs pains et leurs viennoiseries.

> **Poilâne**

8, rue du Cherche-Midi
75006 Paris
Tél. 01 45 48 42 59
www.poilane.fr
Pour leurs pains et leurs viennoiseries.

> **M. Frédéric Cassel**

71, rue Grande
77300 Fontainebleau
Tél. 01 64 22 29 59
Pour sa boulangerie-pâtisserie qui met en éveil tous nos sens.

> **M. Jean-Yves Bordier**

SARL La Fromagée Jean-Yves Bordier
9, rue de l'Orme
35400 St-Malo
Tél. 02 99 81 55 50
Pour retrouver le goût du vrai beurre.

> **M. Bruno Quellier**

Route de la Gord
Roissac
16130 Angeac-Champagne
Tél. 05 45 83 67 63
Pour la saveur et l'authenticité de ses fromages de brebis et de chèvre.

> **M. et Mme Desmartins**

Domaine de l'Anche
45210 Bazoches-sur-le-Betz
Tél. 02 38 96 84 84
www.comptoircacao.com
Pour leurs merveilleux chocolats.

> **M. Gaétan Mabit**

4 bis, rue des Chevaliers
44400 Rezé
Tél. 02 40 75 48 95
Pour ses excellentes conserves de poissons telles que l'esturgeon et
la fameuse anguille fumée.

> **Mme Scarlette Le Corre**

29760 Penmar'ch
Tél. 02 98 58 67 78
Pour son tartare d'algues, ses soupes de poissons et ses rillettes de thon.

> **M. Jean Levielle**
2, rue Chaudot
10210 Les-Loges-Margueron
Tél. 03 25 40 19 75
www.ecrevisses.com
Pour son excellente terrine de queues d'écrevisses.

> **Mme Marie Bruley**
Association « les Saveurs de l'île de Noirmoutier »
Office du tourisme
Route du Pont
85330 Noirmoutier-en-l'île
Tél. 02 51 39 91 03
Pour le sel, les huîtres, les pommes de terre et les excellentes chips.

> **M. et Mme Patrick Hamelin**
Le Manoir d'Hautegente
24120 Coly
Tél. 05 53 51 68 03
www.manoir-hautegente.com
Pour se régaler de foie gras, de cassoulet et de magret fumé et pour se reposer dans une des magnifiques chambres de l'hôtel. Étape indispensable avec un accueil inoubliable.

> **M. Henri Lenoir**
Le Casati du Lac
61140 Bagnoles-de-l'Orne
Tél. 02 33 37 65 96
Pour la fabrication artisanale de ses macarons. Une merveille !

> **Mme Anne Daguin**
Le Petit Duc
7, bd Victor-Hugo
13210 Saint-Rémy-de-Provence
Tél. 04 90 92 08 31
www.petit-duc.com
Pour ses délicieux biscuits réalisés d'après des recettes d'antan par son mari Philippe.

> **M. Maurice Gauthier**
Le Pic à Glace
141, rue Moslard
92700 Colombes
Tél. 01 47 69 13 00
Une quantité de glaces plus surprenantes les unes que les autres. Allez-y les yeux fermés !

Faire et réussir

> **Rougier & Plé**
Tél. 0 825 160 560 (pour obtenir la liste des différents points de vente en France, commander par correspondance ou recevoir le catalogue)
Pour toutes les fournitures de travaux manuels.

> **Loisirs et création**
Tél. 01 41 80 64 00 (pour obtenir la liste des différents points de vente en France)
Une mine d'idées pour vos travaux manuels.

Tous mes remerciements

À toute l'équipe Minerva, et plus particulièrement à sa directrice, Sylvie Désormière, qui a su si bien m'entourer à tous moments et sans qui cet ouvrage n'aurait pas vu le jour.

À Philippe Exbrayat, talentueux photographe, et à Olivia Nikitenko, ma styliste favorite.

À Joëlle et Hubert Canuet qui nous ont accueillis dans leur maison de campagne.

Au fleuriste Le Pélican qui a réalisé toutes les compositions florales de cet ouvrage.

À toutes les maisons qui ont collaboré à ce livre en prêtant des objets :

> Pour le buffet de Sophie (p. 10-11) : BHV, IKEA et le Jacquard Français.

> Pour le buffet sans fourchettes (p. 19-35) : Côté Table, la Galerie Sentou, le Comptoir de famille et Marie-Papier.

> Pour le buffet végétarien (p. 37-53) : Casa, Casa Nova, Côté Table, le Grand Comptoir, IKEA, le Jardin d'Olaria et Maison de famille.

> Pour le buffet de la mer (p. 55-71) : Astier de Villatte, Atelier N'O, Bleu Nature, Côté Bastide, Éclat de Verre, Garnier Thiebaut et Maison Roudier.

> Pour le buffet du boucher (p. 73-89) : Alexandre Turpault, BHV, Boulangerie Vandermeersch, Casa, Côté Bastide, IKEA, le Comptoir de famille, Maison Strosser, Peau d'Âne et Peugeot.

> Pour le buffet tartes (p. 91-107) : Anthéor, Casa, Peau d'Âne et Tohu Bohu.

> Pour le buffet salades (p. 109-127) : Alexandre Turpault, Côté Bastide, Côté Table, le Comptoir de Famille, Mokuba et Rougier & Plé.

> Pour le buffet dominical (p. 129-145) : Botanique Éditions, Côté Table, Du Bout du Monde, Elsa C., IKEA et Pain d'Épice.

> Pour le buffet des enfants (p. 147-165) : Garnier Thiebaut, Le Printemps, Ceci Cela, Tsé & Tsé à la Galerie Sentou, le Bon Marché et Marie-Papier.

> Pour le buffet des délices (p. 167-183) : Côté Table, Jeannine Cros, le Jardin d'Olaria et Peau d'Âne.

Aubin Imprimeur
LIGUGÉ, POITIERS

Achevé d'imprimer en avril 2005
pour le compte de France Loisirs
123, bd de Grenelle, 75015 Paris
N° d'impression P 68292
Imprimé en France